MAISONS ROYALLES

DES BORDS

DE LA LOIRE

Publication de la Société

DE L'HISTOIRE DE L'ART FRANÇAIS

MÉMOIRES

POUR SERVIR A L'HISTOIRE

DES

MAISONS ROYALLES

ET BASTIMENS DE FRANCE

PAR

André FÉLIBIEN

Sieur des Avaux

PUBLIÉS POUR LA PREMIÈRE FOIS
D'APRÈS LE MANUSCRIT DE LA BIBLIOTHÈQUE NATIONALE

PARIS

J. BAUR, LIBRAIRE DE LA SOCIÉTÉ

11, RUE DES SAINTS-PÈRES

1874

Il est singulier que l'on se trouve en 1873 pouvoir
publier un ouvrage inédit d'André Félibien. Il a
pourtant imprimé beaucoup, et, si celui-ci n'a pas été
mis au jour, c'est sans doute que ce n'était qu'une partie d'un travail plus général. Il n'y a là en effet, moins
Amboise, que les châteaux royaux des bords de la Loire :
Vincennes, le Louvre, Fontainebleau, Saint-Germain,
tant d'autres encore lui auraient donné une ample
matière. Cependant, pour n'être pas imprimé, ce qui
subsiste de l'ouvrage de Félibien a été connu et même
employé de notre temps. Il en existe au château de
Cheverny une magnifique copie, en maroquin rouge
plein, aux armes du Roi, qui offre même un certain
nombre de plans et de dessins lavés, absents de la
copie beaucoup plus modeste qui nous sert aujour-
d'hui. C'est dans le manuscrit de Cheverny que
M. Duban a retrouvé le dessin de la statue équestre

a

de Louis XII, qui lui a permis de la rétablir exactement dans la niche de la *porterie* du château de Blois; M. de la Saussaye, qui l'a connu et dépouillé, l'a employé et cité dans ses excellentes monographies de Blois et de Chambord; c'est d'après lui que, dès 1850, j'ai pu donner au second volume des *Peintres Provinciaux* de M. de Chennevières la partie descriptive de l'article que Félibien avait consacré au château de Cheverny. Mais le texte complet restait toujours inédit.

A coup sûr il ne satisfera pas complètement la curiosité érudite des lecteurs de ce temps-ci. Au premier abord ils y trouveront moins qu'ils ne l'auraient désiré. Les descriptions sont courtes, les documents employés pourraient être plus nombreux; mais, en y regardant de plus près, on reconnaît qu'il y a dans ce premier désappointement une véritable injustice. Quel autre, du temps de Félibien, en aurait même dit autant? Quel autre se serait préoccupé de dépouiller des comptes? Il a vu et décrit des choses qui n'existent plus, il nous a donné le résultat de ses recherches dans un certain nombre de documents contemporains, de façon à mériter au contraire toute notre reconnaissance.

Il y a longtemps que j'avais l'intention d'imprimer l'ouvrage pour servir à l'histoire de l'architecture française du XVIe siècle, et le Cabinet des Manuscrits de la Bibliothèque nationale m'avait donné l'espérance de le pouvoir faire, car les catalogues de l'ancien Fonds français en indiquaient un exemplaire, mais il manquait depuis longtemps. C'est seulement dans ces dernières années qu'on en a retrouvé une seconde copie, qui est venue compenser tellement quellement l'absence de la première. Elle vient du fonds de Baluze, n° 164, devenu 8427^2 du fonds Français et maintenant 3860. Après la date : 1681, le titre offre un petit dessin, lavé soigneusement à l'encre de Chine dans le goût un peu sec de Sébastien Leclerc; il représente un cadre de fleurs entourant un serpent se mordant la queue, symbole de la durée, et dans ce cadre, au milieu de constructions, une grue articulée à laquelle est suspendue une pierre. En haut la devise explicative : MENS AGITAT MOLEM, empruntée à Virgile *(Æneidos* VI, 727).

L'écriture est beaucoup moins belle, la reliure est ordinaire, et il n'y a pour tout dessin que les coupes et l'élévation du vieux clocher de Chartres, sans le plan de Chambord, nécessaire à l'intelligence du texte, puisque la description de celui-ci n'est presque faite que par des renvois aux lettres de ce plan. Nous n'avons par conséquent pu reproduire que le clocher de Chartres, grâce à l'amitié de M. Corroyer, qui en a fait le calque, et de M. Paul Laurent, qui l'a gravé, comme il avait bien voulu faire pour le volume de 1872 du sceau de l'Académie de peinture. Sa pointe d'aqua-fortiste n'avait là rien à faire; nous ne devons que le remercier d'autant plus de l'y avoir employée. Ajoutons que, dans l'impression de la description du vieux clocher, nous avons supprimé les lettres de renvoi absentes de la figure correspondante.

Malgré tout, ce second manuscrit, si inférieur qu'il soit au premier comme exécution matérielle, en donne toujours le texte, et permet à notre Société de l'imprimer aujourd'hui, sur la copie qu'en a bien voulu faire notre ami, M. Paul Chéron, de la Bibliothèque nationale.

André Félibien, l'ami du Poussin et l'auteur de la Vie des plus fameux peintres, né en mai 1619 et mort le 11 juin 1695, était Historiographe des Bâtiments du Roi dès 1666, membre et secrétaire de l'Académie d'architecture dès sa fondation en 1671.

L'article consacré par M. Delaulnaye dans la Biographie Michaud (éd. Thoinier-Desplaces, XIII, 403), à son fils Jean François, né vers 1658, historiographe des bâtiments à la mort de son père en 1695, secrétaire de l'Académie d'architecture en 1718, et auteur du *Recueil de la vie des plus célèbres architectes*, publié dès 1683, dit, nous ne savons d'après quelle autorité, que l'on *conservait* de lui, dans les Archives de l'ancienne Académie des Inscriptions, une Description historique de l'ancien Louvre et une autre de quelques monuments anciens de la ville de Paris. En remarquant d'ailleurs que tous deux ont appartenu à l'Académie des Inscriptions, cette mention d'une description de la maison royale du Louvre serait en tout cas une trace bien importante de la volonté d'un travail complet sur les maisons royales; mais, comme on ne les appelle habituellement que M. Félibien, il serait possible qu'il y eût là une confusion et que le Louvre soit aussi bien du père que les Maisons royales des bords de la Loire.

Quant au second ouvrage sur des monuments de Paris, il est bien certainement du père, et l'on va voir que la préoccupation de la nature des pierres employées dans la construction des châteaux royaux est pour André la suite d'une étude antérieure.

En effet, il existe dans les Manuscrits du Roi (Fonds Colbert, n° 262), un Rapport de l'Académie d'architecture sur la provenance et la qualité des pierres employées dans les anciens édifices de Paris et des environs. Le procès-verbal de cette visite, qui dura près de trois mois et fut faite sur l'instigation de Perrault, dut être rédigé par le secrétaire, et il porte la date de 1678; André avait alors cette charge depuis six ans seulement. Ce que l'article de la Biographie Michaud appelle une description de quelques monuments anciens de la ville de Paris, paraît bien être la même chose.

A. de M.

Le rapport de l'Académie d'architecture sur la provenance et la qualité des pierres employées dans les anciens édifices de Paris et des environs est des plus curieux. J'en avais depuis longtemps une copie, et j'aurais demandé à la Société de l'imprimer s'il n'avait pas déjà été publié par M. le marquis de Laborde, dans la Revue générale de l'architecture et des travaux publics de M. César Daly (gr. in-4°, X° volume, année 1852, colonnes 193-242, 273-93, et 321-44). Il a même été tiré dans le curieux volume de M. de Laborde (*Mémoires et Dissertations*, Paris, Leleux, 1852, grand in-8°, p. 151-290). Ce dernier est rarissime, il n'a été imprimé qu'à 25 exemplaires; la Revue ne se trouve pas partout et n'est pas commode à consulter; il semblerait qu'il y eût encore lieu de le réimprimer, mais la préface de M. de Laborde, ses annotations finales, les remarques techniques de M. Viollet Leduc, de M. Paul Michelot et de M. Desmarets sont trop nombreuses et trop importantes pour pouvoir être prises, et l'on ne peut pas davantage les omettre. Il faut donc se contenter de renvoyer à leur édition collective; seulement pour en rendre la consultation facile, et pour qu'on sache sur quels monuments on y doit chercher des renseignements, il a paru utile de joindre ici une table analytique de ce curieux document. Les numéros d'ordre sont ceux donnés par M. de Laborde aux paragraphes; les renvois de pages se rapportent aux colonnes de la Revue de M. Daly.

MÉMOIRES

POUR SERVIR A L'HISTOIRE

DES

MAISONS ROYALLES

PAR A. FÉLIBIEN

—

1681

—

Mens agitat molem.

DE L'ANTIQUITÉ DU CHASTEAU

ET DE LA VILLE DE

BLOIS.

La douceur du climat et la belle exposition, où le Chasteau et la ville de Blois sont situés, servent beaucoup à faire présumer de leur antiquité, puis qu'en France il n'y a guères d'endroits où l'on peust establir une demeure, non seulement aussy agreable, mais encore aussy avantageuse pour toutes les commoditez de la vie. Cependant, parmy les tenebres des siècles passez, il est assez difficile de pouvoir bien découvrir par qui la ville a esté fondée, et en quel temps le Chasteau a esté basty. On ne peut pas douter que, quand les Romains vinrent dans les Gaules, ils n'habitèrent le pays de Blois, ainsy qu'ils firent les lieux qui en sont voisins. Que si César n'a fait aucune mention de la ville de Blois, c'est qu'alors elle n'avoit peut-estre aucune forteresse et ne se trouva pas en estat de luy résister comme celles dont il a parlé. Mais il y a bien apparence que luy ou ses Capitaines ont demeuré à Blois, puisque les acqueducs, qu'on y voit encore, n'ont peû estre que l'ouvrage des Romains. Il se trouve

des escrivains qui veulent mesme que cette ville ait
esté bastie par les soldats de César. La tradition, qui
souvent vaut bien le tesmoignage de certains autheurs,
a toujours fait croire à ceux du pays qu'Orchèse, qui
est près de Blois et où on voit encore quelques anciens
fondemens, a esté autrefois un magazin où l'Empereur
faisoit mettre les bleds pour la nourriture des trouppes.
L'on trouve encore des marques dans le pays qui font
juger qu'il a esté habité par des Romains de considé-
ration, car il n'y a pas quinze ans qu'au village de
Conan, entre Vendosme et Blois, le curé du lieu, fai-
sant creuser dans quelqu'endroit de sa maison, trouva
plusieurs sépulcres fort anciens, faits d'une seule pierre,
tels que ceux dont les Romains se servoient, et il n'y a
pas si longtemps qu'à Vineuil, qui est proche de Blois,
on trouva dans les vignes un de ces tombeaux, qui
estoit couvert d'une grande pierre et maçonné par
dessus.

Mais, depuis que les Romains eurent esté chassez
des Gaules, et que les François s'en rendirent les maistres, toutes les provinces furent gouvernées par tant
de differents Seigneurs, et les guerres apportèrent tant
de changemens dans la France que beaucoup de villes
et de chasteaux furent abandonnez et démolis, et beaucoup d'autres aussy furent bastis dans des endroits où
il n'y en avoit jamais eu.

Pour ce qui regarde la ville et le chasteau de Blois,
ce que les historiens modernes ont crû nous dire de
plus certain est qu'après que Rollon, chef des Normans,
eut embrassé la foy chrestienne, le roy Charles le Simple
luy donna sa fille Gilla, ou Giselle, en mariage, avec la
Normandie en titre de duché, et à Gelo, cousin de
Rollon, les Montils et la ville de Blois, où Gelo fist

bastir un chasteau, et que de ce Gelo vint Thibault, deuxième comte de Blois, surnommé le Tricheur; mais cette oppinion n'est pas trop bien reçeüe, et ceux qui ne reconnoissent point ce Gelo donnent un autre père à Thibault. On peut croire aussy que le chateau de Blois est encore plus ancien et qu'il estoit basty long-temps avant le regne de Charles le Simple, puisque, dès le temps de Robert le Fort qui estoit comte ou gouverneur de Blois, la chapelle de Saint-Calais estoit bastie dans le chasteau et qu'il y avoit des Religieux Bénédictins qui la desservoient dès l'an 873, lors que l'on y porta les reliques de saint Laumer pour estre en seureté, à cause des Normans et des Danois qui ravageoient tout. Quelques-uns croyent que ce fut dans ce mesme chasteau que Saint-Laumer fonda un monastère, avec la permission du comte de Blois, lors qu'il sortit de sa solitude de Corberon qu'il fist bastir dès l'an 527; car le Bréviaire de Chartres marque expressément qu'il en alla fonder un sur les rives de la Loire. Les reliques de ce saint demeurèrent en depost dans la chapelle de Saint-Calais jusqu'en 912, qu'elles furent transportées à Moissac en Auvergne, et, en 924, Thibault, surnommé le Vieux, comte de Blois et de Chartres, voyant que les Religieux estoient incommodez en son chasteau, ou peut-estre aussy y voulant bastir et se loger plus au large, supplia le roy Raoul de leur accorder l'église de Saint-Lubin qui estoit an-dessous du Chasteau avec le fauxbourg de Foix, ce que le Roy leur octroya par ses Lettres, données à Lion la mesme année, par lesquelles on voit qu'il contribue luy mesme aux fraix des bastimens de leur Eglise. Ainsy l'on peut considérer la ville et le chasteau de Blois comme très anciens, puisque Grégoire de Tours, qui vivoit à la fin du ve siècle, parle

aussy de la ville de Blois comme de la Capitale de
la Province, et l'on peut croire qu'il y avoit un Chasteau longtemps avant que Thibault en fut comte. Ce
qui est reconnu pour veritable est que luy et ses descendans ont beaucoup contribué à l'augmentation de la
Ville et du Chasteau. Car de ce Thibault sont issus les
autres comtes de Blois jusques à Thibault, comte de
Blois et de Clermont, qui, estant mort sans hoirs l'an
1218, laissa le comté de Blois à Margueritte, sœur de
son père et femme de maître Gaultier d'Avennes, qui,
n'ayant laissé qu'une fille unique nommée Marie, espousa maître Hugues de Chastillon, comte de Saint-
Pol, dont les descendans ont esté comtes de Blois jusques à Guy de Chastillon, qui fut le vingtiesme comte
et qui, de regret d'avoir perdu son fils unique, vendit en 1391 le Comté de Blois et celui de Dunois,
pour le prix de 260,000 francs d'or, à Louis de France,
alors duc de Touraine, mais auquel le roy Charles VI,
son frère, au lieu de la Touraine donna, en 1392, le
Duché d'Orléans, dont ensuitte il prist le nom. Si l'on
en vouloit croire Brantosme, il ne deboursa gueres d'argent pour payer le Comté de Blois, car il dit que Marie
de Namur, qu'il appelle Margueritte, femme de Guy,
donnoit au duc tout le bien de son mary qu'elle redui-
sit à la nécessité de vendre ses terres. Mais il n'y a
gueres d'apparence à cela, car le duc d'Orléans estoit si
riche que dans ce temps il acquist plusieurs autres
grandes terres. Froissard rapporte que le roy Charles VI
et le duc d'Orléans eurent assez de peine à resoudre
Guy à vendre son comté, qu'il est vrai qu'ils gagnè-
rent pour cela sa femme et un valet de chambre qui le
gouvernoit.

Après la mort du duc d'Orléans, arrivée en 1407,

Charles, son fils, fut comte de Blois, et ensuitte le roy Louis XII, fils de Charles.

Or, comme tous les princes et grands seigneurs qui ont possédé successivement le comté de Blois y faisoient souvent leurs demeures, particulièrement Louis, duc d'Orléans, et Valentine de Milan, sa femme, qui s'y plaisoit beaucoup, il n'y en a point eu qui n'ayent fait quelque changement dans le Chasteau pour l'augmenter et pour l'embellir, en sorte qu'il est malaisé de reconnoistre présentement comment il estoit dans son origine.

Ce qui paroist le plus ancien sont quelques restes de bastiments qui sont du costé du midy, proche la chapelle de Saint-Calais. Les autres édifices ont esté faits en différents temps. Les comtes de la Maison de Champagne et de Chastillon en avoient basti une partie du costé d'Occident, qui furent changez et accreus par ceux d'Orléans.

Louis XII fist faire de neuf la face qui regarde l'Orient, et apparemment il adjousta encore quelques logemens à ceux qui estoient du costé d'Occident, ainsy qu'on en peut juger par les desseins que Ducerceau en a donnez.

François Ier fist bastir le costé du Septentrion. Il y a quelque chose, sur l'entrée de l'avancourt, qui fut fait du temps de la tenue des Estats, et la royne Marie de Medicis fist faire aussy quelques logemens, qui furent abattus lorsque Gaston de France, duc d'Orléans et frère du roy Louis XIII, fist commencer ce que le sieur Mansard a basty du costé d'Occident.

DESCRIPTION DU CHASTEAU DE BLOIS,

EN L'ESTAT QU'IL EST AUJOURDHUY.

Bien que le Chasteau de Blois soit séparé de la ville, il y a neantmoins si peu de distance de l'un à l'autre qu'ils paroissent joints ensemble.

La Ville est sur un costeau assez eslevé, et le Chasteau est encore plus eslevé que la ville. Son assiette est si avantageuse que, du costé d'Orient, on découvre toute la ville de Blois, au pied de laquelle la rivière de Loire forme un large canal, où on voit monter et descendre les batteaux dans une estendue de près de huict lieuës. Du costé d'Occident et du Septentrion parroist la Forest de Blois, renfermée par la petite rivière de Cisse qui vient de la Beausse, et du costé du midy, au delà de la Loire, on voit ces grandes prairies qui la bordent, ces costeaux plantez de vignes et couverts de boccages, les Forests de Russy et de Bolongne, une infinité de villages et de chasteaux, qui ornent et qui enrichissent ces costeaux, et les plaines qu'arrosent les rivières de Saudre, de Cousson, de Beuvron, et une infinité de petits ruisseaux et de fontaines.

Le chemin, qui communique de la ville au chasteau est assez rude, car c'est proprement un escalier qu'on a prattiqué dans le roc; mais la principale entrée du chasteau est hors la ville, du costé du Septentrion. Après avoir passé le fossé et soubs une voute, dont le bastiment est moderne, on trouve l'avantcour, qui est grande et spacieuse. Aussy ce fut là qu'on fist autresfois des joustes et tournois, lorsque le Prince de Castille arriva à la cour et qu'il fut promis à Madame Claude de France, et lors qu'on célébra le mariage du Marquis de Montferrat avec la Princesse, sœur du Duc d'Alençon. Dans cette avantcour est l'Eglise Collégialle de Saint-Sauveur, fondée, environ l'an 1000, par des prestres seculiers, qui s'estoient joints ensemble pour vivre en commun. Depuis ce temps là, les Comtes de Blois, particulièrement Thibault V, comte, et ses successeurs, ont gratifié cette Eglise de plusieurs dons et privilèges. L'édifice est assez bien basty de pierre du pays et de celle de Bouré, assez bien conservées. Aux environs de l'Eglise et autour de la Cour sont plusieurs maisons, la pluspart habitées par les Chanoines. C'estoit aussy dans ces logis particuliers que demeuroient les Officiers des Roys et des Princes pendant que la Cour estoit à Blois.

Au bout de cette avantcour est le Chasteau. Il consiste en plusieurs corps de logis, tous différens. Celuy, qui est sur le devant et sous lequel est la principale entrée, a esté basty par le Roy Louis XII. Quand on est dans la cour, on voit à main gauche un reste de gallerie, plus ancien et plus bas que le logis de devant. A main droite est un grand bastiment que fist faire François Ier, et, en face, est le nouvel édifice de feu Monsieur le Duc d'Orléans. La Cour et toute la masse

de ces bastimens ensemble font une figure fort irrégulière, comme on peut voir par le plan, parce qu'hormis
ce qui est fait depuis trente ans, le reste a esté basti,
comme j'ay dit, à plusieurs fois et dans des temps où en
France l'on ne prattiquoit ny ordre ny regularité. Il
semble mesme qu'on affectoit alors de ne le pas faire,
peut estre à cause que les Chasteaux estoient plustost
faits pour des maisons fortes et de deffense que pour
des lieux où l'on recherchast de la beauté et de la grace,
parce que, sous les Roys de la première et de la seconde
race, tous les Princes et les grands Seigneurs estoient
souvent en guerre les uns contre les autres; ils ne son-
geoient qu'à se loger seurement. Aussy voyons nous
que les Roys n'ont commencé à faire des bastimens où
il y ait eu un peu plus de régularité, et moins d'apparence de forteresse, que quand ils se sont trouvez plus
puissants dans leur Royaume. Les grands Seigneurs
ont aussi basti des Chasteaux bien différens de ces
anciennes tours qui paroissoient plustost des prisons
que des maisons de plaisir, lors qu'ils n'ont plus esté
dans la nécessité de soustenir des sièges et que l'authorité souveraine des Roys a fait cesser les querelles des
particuliers.

On peut remarquer que l'on ne commença à changer
cette ancienne manière de bastir que soubs Charles
VIII et soubs Louis XII. D'abord on se contenta de
chercher plus de propreté dans l'architecture qu'il n'y
en avoit auparavant; mais, pour ce qui est des ordres
et de la belle distribution, on n'a commencé que soubs
le Regne de Henry II, comme on voit au Louvre. Car,
bien que François Ier eust fait faire une infinité de
grands et superbes bastimens, il y a neantmoins toujours un peu de la manière Gottique, et ce ne fust qu'à

la fin de son règne qu'il fist travailler des ouvriers plus sçavants dans la bonne architecture. C'est ce qu'on peut assez remarquer dans le Chasteau de Blois, où l'on voit encore aujourdhuy des manières de bastir bien différentes.

Pour faire une description exacte de cette Royalle Maison, il est nécessaire d'en observer toutes les partyes. Par ce moyen l'on pourra mieux juger du changement arrivé en France dans l'art de bastir et du progrès que les ouvriers y ont fait, lorsqu'on comparera ce qui a esté exécuté de temps en temps dans les Maisons des Roys et des Princes, et l'on connoistra à quel degré de grandeur la Monarchie est arrivée sous le regne de Louis le Grand, dont les Palais, aussy bien que les grandes actions, surpassent et effacent tout ce que ses prédécesseurs ont jamais fait.

Le Roy Louis XII, ayant résolu de changer plusieurs logements dans ce Chasteau, commença par faire abbatre celuy qui estoit sur l'avantcour, dans lequel il avoit pris naissance. Il le bastist de neuf et y fist eslever celuy que l'on voit presentement. Sa longueur est de vingt thoises de face, ou environ. Les premières assises sont de pierre dure; tout le reste est de brique, hormis les pilastres, qui sont entre les croisées du premier et du deuxième estage, qui sont de pierre tendre, comme aussy les chaisnes, les bandeaux et les appuis des fenestres, les ornemens des portes, le plinte qui sépare les deux estages, l'entablement et les grandes lucarnes.

Il n'y a rien de plus proprement executé que tous les ornemens qui enrichissent la face de ce bastiment. Les armes et les chiffres de Louis XII et de la Reyne Anne de Bretagne, que l'on y voit taillez en differens endroits, et tous ces morceaux de sculptures que les ouvriers appellent *modernes*, sont travaillez avec beaucoup de soin et de délicatesse. Il y a deux des fenestres du second estage qui sont renfoncées, et qui ont un balcon à hauteur d'appuy. La figure équestre, qui est au-dessus de la porte dans un enfoncement, représente le Roy Louis XII, vestu à la mode de ce temps là. Cet ouvrage est fait avec grand soin, et l'on voit que les ouvriers prenoient peine à bien représenter ce qu'ils voyoient, et qu'aparemment cette figure ressembloit à ce Prince. Ces quatre vers sont au dessoubs :

> *Hic, ubi natus erat dextro Lodoicus Olympo,*
> *Sumpsit honorata regia sceptra manu;*
> *Felix quœ tanti fulsit lux nuncia Regis;*
> *Gallia non alio principe digna fuit.*
>
> FAUSTUS, 1498.

Pour entrer dans la cour du Chasteau, l'on passe par dessoubs ce corps de logis dont une partie du bas sert d'une gallerie, qui règne du costé de la cour dans toute la face du bastiment jusques au premier estage. Elle est ouverte par des arcades, soustenües de colonnes enrichies de divers ornemens de sculpture. Le reste de cette face est semblable à celle qui est du costé de l'avant-cour. Aux deux extremitez il y a deux escaliers, hors œuvre, bastis de brique et de pierre de taille très-blanche. Les portes, les fenestres et toutes les corniches sont ornées de sculpture très-délicate. On peut aller à couvert par la gallerie à ces deux escaliers qui communiquent aux appartemens hauts. Le soin, la propreté et la despense parroissent jusques au-dessus des toits, où les lucarnes et les cheminées sont plaines de différens ornements. Le plomb, qui est employé aux faistages et aux amortissements, est tout couvert de chiffres et de fleurs de lis d'or.

On ne voit maintenant du costé du midy que quelques restes de bastimens, fort anciens, et un bout de la gallerie que ceux de la maison de Chastillon avoient fait de pierre et de brique, semblables aux logemens qui estoient du costé d'Orient avant que Louis XII l'eust abattu. Elle servoit pour communiquer aux bastimens qui estoient du costé d'Occident et conduisoit en passant à la Chapelle de Saint-Calais dont une partie est encore conservée et qui est, comme il a esté dit, de fondation très-ancienne. Elle est appellée dans quelques titres *Saint-Calais du Chastelet* (de Castelleto), pour la distinguer d'une autre qui s'apelloit *la Chapelle de la Tour*, fondée dans le mesme Chasteau par des anciens Comtes de Blois. Ce qui pourroit faire juger que le costé du Chasteau, où est la Chapelle de Saint-Calais, est le plus ancien et qu'on l'auroit appellé le petit Chastelet après que les Comtes de Blois eurent fait d'autres bastimens plus grands et plus considérables du costé du Septentrion.

Cette Chapelle de Saint-Calais est bastie de pierre de taille et la voûte à croisée d'ogives. Il y avoit autrefois des ornemens très-riches que les Comtes de Blois y avoient donnez, et quelques ouvrages des plus excellens Peintres, comme il parroist encore par un tableau de la Vierge qu'on y voit, lequel est de la main de Piètre Perugin, maistre de Raphaël.

Le grand corps de logis, qui est du costé du Septentrion et basti par François Ier, est tout de pierre et composé de trois ordres, les uns au dessus des autres. Au milieu de la face et hors œuvre il y a un escalier, percé à jour et magnifiquement travaillé.

Parmy le grand nombre d'ornemens dont toutes les parties de ce bastiment et de l'escalier sont enrichies, on y voit des fleurs de lis, des F fleuronnées, des salamandres et des flammes, qui entrent dans les armes, dans les chiffres et dans les devises du Roy François Ier et de la Reyne Claude, sa femme. L'escalier communique aux appartemens et à une terrasse, qui avance dans la cour et qui de l'escalier alloit joindre aux bastimens de face qui ont esté abattus. Soubs cette terrasse est une gallerie, ouverte par des arcades soutenues de colonnes, qùi ont rapport et qui font quelque sorte de symmetrie avec les galleries qui sont au devant de la cour et du costé de la Chapelle de Saint-Calais. Mais, comme ce que Louis XII avoit fait faire surpassoit de beaucoup les ouvrages de ses prédécesseurs, de mesme les bastimens de François Ier sont bien plus considérables que ceux des uns et des autres.

L'irrégularité, qui paroist dans l'alignement de tous ces divers édifices et qui rend la cour d'une forme extraordinaire, fait croire que, quand ces deux Princes firent bastir, on voulut s'assujettir à l'estendüe de la place contenüe entre les fossez et peut estre mesme qu'on a conservé les anciens fondemens, en tout ou en partie, sur lesquels les nouveaux logis ont esté eslevez, ce qui semble parroistre assez dans la face extérieure de celuy de François Ier, lorsqu'on la considère du costé des Jésuistes.

Cette face a quatre estages les uns au dessus des autres dans la moitié de sa longueur à commencer du costé de l'entrée du Chasteau, et trois estages dans l'autre partie. Ces estages sont ouvers par des fenestres en arcade, accompagnées de colonnes et de pilastres, et quelques niches entre les arcades. Il y a, en differents endroits, quatre cabinets en saillie, dont la figure est à pans. Ils sont soustenus par des trompes de pierre qui sortent du vif de la muraille. Elles sont ornées des chiffres du Roy et de la Reyne, et de mesme que les corniches et les chapiteaux des pilastres.

Entre l'entablement et la couverture il y a une espèce d'attique, qui sert de gallerie ou corridor qui règne tout le long du bastiment. Cette gallerie est toute ouverte. Il y a seulement des balustres à hauteur d'appuy et, d'espace en espace, de petits pilastres qui soustiennent la couverture.

A l'extrémité de ce bastiment du costé d'Occident est une vieille Tour, qui ne parroist par dehors qu'au dessus des couvertures et par un retour au bout de la face du corps de logis; elle est nommée la Tour Renault, soit à cause qu'elle a autresfois servi de prison à deux Seigneurs de ce Chasteau convaincus de crime d'estat, soit à cause que du haut de cette Tour on découvre la ville de Chasteau Regnault qui en est esloignée de sept lieues. Mais elle est remarquable par ce qui se passa en 1588, lorsque le duc de Guise et le cardinal, son frère, furent tuez à Blois, car ce fut dans un cachot fort obscur, qui est au bas de cette Tour, que l'on mist ce Cardinal et l'Archevesque de Lion. Il y a dans l'espoisseur des murs de ce cachot deux petits caveaux proches l'un de l'autre; au milieu de l'un et au niveau de l'aire du plancher est une ouverture, comme d'un puids très-profond, mais de forme quarrée, et bien enduit de tous les costez. Il y avoit autresfois une trape sur cette ouverture avec des roües et d'autres machines au dessoubs pour l'usage des suplices qu'on vouloit faire secrettement, et c'est ce qu'on appelle *Oubliettes;* mais présentement il n'y a aucun de ces instruments; on en a osté quelques restes pourris, qui aparemment n'avoient pas esté mis en usage il y a longtemps. Il est à croire que ces sortes de suplices ne se pratiquoient que dans des temps où les Seigneurs n'avoient pas assez d'authorité et de puissance pour faire punir exemplairement, comme l'on fait aujourdhuy, ceux qui commettent des crimes atroces. L'autre petit caveau est comme un cachot, mais fort serré et tout à fait obscur.

A l'autre extrémité de ce logis, et joignant celui que Louis XII a fait bastir de neuf, il y a quelques petits bastimens, les uns anciens, les autres plus modernes, parce que Henry III, sur la fin de son règne, y fist commencer un appartement qui est au dessus de cette voute par ou l'on entre dans l'avantcour.

Ce qu'il y a d'ancien dans cet endroit là est la sale qu'on a toujours appellée *les Estats* depuis qu'en l'année 1577 on y fist cette grande assemblée du Royaume. Elle a ses veües du costé du Septentrion. Les murs des costés ne sont pas de niveau avec le bastiment de François Ier, mais bien un bout avec celuy de Louis XII et c'est ce qui augmente l'irrégularité de la cour. C'estoit dans cette sale qu'on représentoit les comédies et les autres spectacles, pendant que la Cour estoit à Blois, comme lorsque Catherine de Médicis fist une despense extraordinaire pour faire représenter la comédie de Sophonisbe composée par Saint Gelais.

Bien que la distribution des appartemens de ce Chasteau ne fust pas aussy commode comme celle que l'on prattique aujourd'huy dans les Maisons Royalles, néantmoins elle estoit des plus belles qui se fissent en ces temps là. Il y avoit des endroits assez enrichis; entre autres on voit un Cabinet dont les plafonds et les lambris de menuiserie sont très délicatement travaillez; on y voit en plusieurs endroits les armoiries et les devises de François Ier et celles de Claude, sa femme, dont la Couronne et les escussons sont environnez de la Cordelière qui orne celles de la Reyne Anne sa mère. Il y a encore plusieurs autres chambres et cabinets où logeoient Henry II, Charles IX, Henry III et Catherine de Médicis. Tous ces lieux sont assez propres; mais ils estoient alors magnifiques par les riches meubles dont ils estoient parez; car soubs les règnes de Louis XII, de François Ier, et pendant la vie de Catherine de Médicis, tout ce qu'il y avoit de plus riche et de plus magnifique en estofes, en vases et en tableaux, se voyoit dans les appartemens de Blois. Il y avoit une Bibliothèque, où l'on comptoit jusques à plus de 16,400 volumes. François Ier la fist transporter à Fontainebleau dès l'an 1544, avec plusieurs instruments de mathématique, et pour cela en donna l'ordre à Martin de Saint Gelais, son aumosnier.

Quant aux bastimens qui estoient du costé d'Occident, ceux de la Maison de Chastillon et ceux de la Maison d'Orléans avoient contribué à les mettre en l'estat où on les voyoit encore, lorsque feu Monsieur les fist abatre. Ils estoient bastis de brique et de pierre de taille, et d'une manière semblable, ou approchante, à ce qui reste du costé de la Chapelle de Saint Calais. Quoy que le comte Guy de Chastillon n'y eust rien fait selon toutes les apparences parce qu'il se plaisoit davantage dans sa Maison de Chasteaurenault, néantmoins ils estoient dès lors assez considérables; car, quand le Roy Charles VI alla à Blois avec le Duc d'Orléans, son frère, pour engager Guy de Chastillon à vendre le comté de Blois, Froissard dit que le Chasteau estoit *bel, grand, fort et plantureux, et un des beaux du Royaume.* (Vol. 3, chap. 114, 1388.) Depuis que le Duc d'Orléans l'eut acquis, il y fist des augmentations, ce qu'ont fait aussy après luy tous ceux qui luy ont succédé. Il y avoit, du costé d'Occident, quelque apartement que Marie de Médicis avoit fait faire. Ceux qui ont veu tous ces édifices, avant qu'on les eust démolis, disent qu'ils estoient beaux et commodes et que les ornemens de sculpture en estoient très riches. Il y avoit une espece de balustrade, ou balcon de fer doré, qui régnoit autour, et une terrasse, que la Reyne Anne de Bretagne avoit nommée *la perche aux Bretons,* parce que les Gentilshommes de sa garde, qui estoient la pluspart Bretons, ne manquoient jamais de l'attendre sur cette terrasse quand elle sortoit pour aller à la messe ou à la promenade, et, lorsqu'elle les y voyoit : « Voilà, » disoit elle, « mes Bretons sur la perche qui m'attendent. »

On ne voit plus rien de ces anciens édifices qu'une tour qui est encore dans le Bastion de Foix, et ce qui parroist dans les desseins de Ducerceau.

Le bastiment neuf, que le sieur Mansard a fait en la place de ceux que l'on a abatus, ne donne point sujet d'estre fasché de leur démolition. Il seroit à souhaitter qu'il eust entièrement achevé tout ce qu'il avoit imaginé pour l'entière perfection de ce Chasteau. Ce qui en paroist présentement du costé de la cour est d'une beauté et d'une noblesse digne de cet excellent architecte.

C'est une face de pierre de taille, très-blanche et dont l'appareil et les coupes sont bien différentes de tout ce que l'on voit dans les autres. Cette face a trois estages, compris le rez de chaussée. Dans le milieu est un avant-corps, qui a peu de saillie, mais qui est un peu plus exhaussé que le reste du bastiment; la porte est au milieu, ayant deux fenestres aux deux costez, et, entre les fenestres et la porte, sont deux colonnes de pierre de Lie, d'ordre dorique, striées et canelées, qui portent un

architrave, frise et corniche. Ces colonnes sont adossées
contre des pilastres, et les colonnes sont renflez par le
milieu. A costé de la fenestre, qui est au milieu du
second estage, il y a deux colonnes, pareilles aux autres
mais d'ordre ionique; elles portent une corniche et un
fronton triangulaire, sur lequel sont assises deux figures,
dont l'une represente Mars et l'autre Pallas. Au troisiesme estage, au lieu de Colonnes sont des Pilastres,
qui en ornent toute la face, de mesme que dans les encoigneures de l'avantcorps et dans le reste de tout le
bastiment, où il y en a deux à chaque trumeau entre
les fenestres. Au dessus de la corniche, qui fait l'entablement de l'avant-corps, est un fronton de forme ronde;
dans son tympan sont les armes de feu Monsieur le Duc
d'Orléans, et au dessus on voit, en forme d'amortissement, le buste de S. A. R., taillé en marbre par
Sarazin; au dessoubs sont des trophées qui environnent
le fronton.

Les deux autres costez de la face, qui suivent cet
avant-corps, contiennent chacun deux croisées, en sorte
que toute l'estendue du bastiment est percée de sept
fenestres à chaque estage; mais le troisiesme estage, qui
n'est pas de l'avantcorps, n'est proprement qu'un
attique.

Aux deux bouts sont deux pavillons en retour, de
mesme ordre et de mesme symétrie, qui ont chacun
deux croisées du costé qu'ils se regardent. Des extremitez de chacun de ces pavillons jusques aux deux coins
de l'avantcorps du milieu regnent deux terrasses au
niveau du premier estage, qui forment des portions de
cercles dans les angles du corps de logis et des pavillons.
Elles sont soustenuës de chaque costé par neuf colonnes
d'ordre dorique accouplées, hormis dans les deux coins,

où il y en a trois. Ces terrasses sont environnées de balustrades sur lesquelles sont des figures plus grandes que nature. Il y en a quatre debout en face et contre l'avantcorps; une des deux, qui est au milieu, représente feu Monsieur le Duc d'Orléans soubs la figure de Mercure, et l'autre représente une femme qui tient un globe soubs ses pieds. Les deux autres sont Hercules et une femme chargée de richesses. Près de chaque encoigneure des pavillons il y a une femme assise, dont l'une tient une pomme de pin, elle a un trépied antique et un éléphant à costé d'elle, et l'autre tient un serpent et une feuille de figuier, et près d'elle est un corps de cuirasse. Toutes ces figures ont esté faites par Guillain, sculpteur.

L'escalier est au milieu de tout le bastiment à l'endroit de l'avantcorps. Il est disposé en sorte que le palier du premier estage respond à la porte qui est au milieu de la face du logis, du costé des jardins.

La face extérieure a un avantcorps et deux pavillons aux deux bouts, qui avancent comme ceux qui sont du costé de la cour. L'estendue de cette face contient neuf croisées entre les pavillons, et chaque pavillon en a trois. Mais le corps du logis et les pavillons n'ont que deux estages, et, dans l'avantcorps, il n'y a ny colonnes, ny frontons, mais seulement des pilastres accouplez entre les fenestres, avec des ornemens dans la frise de l'entablement et dans les tables qui sont au dessus des croisées. Tout ce bastiment est fait de pierre de Lie, d'Apremont et de Bouré.

L'escalier est grand et spacieux et ne va que jusques au premier estage. Il devoit y en avoir un autre moindre tout proche, pour conduire aux autres estages.

A chaque costé de l'escalier, il y a une sale qui communique à deux appartemens complets, c'est à dire qu'à chaque estage de ce bastiment il pouvoit y avoir quatre appartemens complets.

Le dessein de l'architecte estoit de continuer deux corps de logis en ailes des deux costez de la cour, au Midy et au Septentrion. Du costé du Midy il y eust eu une gallerie, ayant veüe sur la cour, laquelle auroit pris depuis les pavillons qui sont faits jusques à une sale qui auroit esté sur l'entrée du costé d'Orient; et derrière cette gallerie on auroit fait deux grands appartements, le tout disposé en sorte que de divers endroits on auroit pu entrer dans la gallerie.

Dans l'autre aisle du costé du Septentrion où est le bastiment de François Ier, il y eust aussy eu deux appartemens ayant veue sur la Cour, et, derrière ces appartemens, une grande salle dont les fenestres auroient regardé du costé des jésuistes. Cette sale qui auroit esté d'une forme agréable et extraordinaire eust esté pour les grandes assemblées. Un dôme très-magnifique devoit embellir le milieu du bastiment de face qui eust séparé l'avantcourt d'avec la Cour du Chasteau. L'avantcourt auroit esté environnée d'une grande terrasse à la hauteur des premiers estages du Chasteau. On eut aussy fait, au bout de l'avantcourt, une avenue pour la communiquer à la ville, vis à vis la grande Ruë.

Au delà du bastiment, du costé d'Occident, le dessein estoit de faire des terrasses jusques aux Capucins, pour aller aux jardins et à la forest. L'on auroit veu au pied de ces terrasses la rivière de Loire, qui passe le long du costeau que l'on appelle les Grois, et ensuitte l'on auroit trouvé diverses routes pour aller dans la forest, et des allées pour entrer dans les Jardins qui sont separez du Chasteau.

L'on alloit autres fois dans ces jardins par une gallerie qu'on nommoit la Gallerie des Cerfs, qui estoit
attachée aux anciens bastimens du costé d'Occident
proche la Tour Regnault. Mais cette gallerie est à présent destruitte, et il n'en reste plus qu'une petite
partie.

Ces Jardins sont divisez en jardins haultz et en jardins bas. Il y avoit plusieurs bastimens pour loger les
Officiers. L'on montoit par un escalier de pierre dans
le jardin hault, qui estoit fort bien dressé, par grands
compartimens de toute sorte de figures avec des allées
de Muriers blancs et des palissades de Coudriers. Deux
grands berceaux de charpenterie séparoient toute la
longueur et la largeur des jardins et, dans les quatre
angles des allées où ces berceaux se croisent, il y avoit
quatre cabinets de mesme charpenterie. Il y a un puids
très profond, que Louis XII fist construire pour en
communiquer l'eau à deux cisternes, qui sont aux costez de l'escalier, et de là dans les bassins de fontaine,
qui estoient alors dans les jardins bas.

De ce jardin hault l'on entre dans la Forest par une
allée de 1,200 thoises de long sur 6 thoises de large.
Elle est plantée de quatre rangs d'ormes, à 6 pieds l'un
de l'autre, et bordée de hayes d'espines blanches, ce qui
fait un des beaux promenoirs qu'on puisse souhaitter.

Les jardins bas estoient separez en plusieurs jardins
particuliers par des galleries et par des logemens pour
des Officiers. Il y avoit tout autour des berceaux et des
cabinets de charpente. C'estoit le lieu où le Roy
Louis XII et la Reyne Anne faisoient leurs plus ordi-
naires promenades. Dans le plus grand de ces jardins
bas il y a encore présentement un petit bastiment de
pierre de taille, en forme de croix ou aisles de moulin

à vent, lequel dans l'estage d'en haut, n'a qu'une chambre au milieu de quatre terrasses environnées de balustres de pierre de taille fort bien travaillées. Il y a présentement une partie de ces terrasses qui sont couvertes, et dont l'on a fait de petits logemens.

Quelques uns disent que la Reyne Anne fist faire ce bastiment pour lui servir de retraitte quand elle fist un vœu pour avoir des enfans, d'autres que ce fust pour se séparer d'avec le Roy son mary lorsqu'il estoit en guerre avec le Pape Jules II; car elle souffroit avec beaucoup de peine la mésintelligence qu'elle voyoit entre le Chef et le fils aisné de l'Eglise, et ce fut par ses sollicitations et ses empressemens extraordinaires que le Roy Louis XII donna les mains à l'accomodement qui fut fait au Concile de Latran, après avoir renoncé à celuy de Pise.

Il n'y a pas longtemps qu'il y avoit dans ce mesme Jardin, à l'endroit où se croisent les allées du milieu, un édifice de figure octogone, de plus de sept thoises de diamètre et de plus de neuf thoises de hault, avec quatre enfoncemens en forme de niches dans les quatre angles des allées. Ce bastiment, qui faisoit comme un grand salon, estoit de charpente, mais d'un bois extraordinairement bien travaillé. Entre les principaux ornemens qu'on y avoit taillez on y voyoit particulièrement la Cordelière, qui régnoit tout autour en forme de cordon; car la Reyne affectoit de la mettre non seullement à ses armes et à ses chiffres, mais de la faire représenter en diverses manières dans tous les ouvrages qu'on faisoit pour elle. Ce salon n'étoit clos que par des treillis de bois. Il estoit couvert en forme de dôme, qui dans son milieu avoit encore un plus petit dôme, ou lanterne vitrée, au dessus de laquelle estoit une figure dorée représentant saint Michel. Ces deux dômes estoient proprement couverts d'ardoise et de plomb doré par dehors. Par dedans ils estoient lambrissez d'une menuiserie très délicate. Au milieu de ce salon il y avoit un grand bassin octogone, de marbre blanc, dont toutes les faces estoient enrichies de différentes sculptures avec les armes et les chiffres du Roy Louis XII et de la Reyne Anne. Dans ce bassin il y en avoit un autre, posé sur un piédestal, lequel avoit sept pieds de diamètre. Il estoit de figure ronde, à godrons, avec des masques et d'autres ornemens très sçavamment taillez. Du milieu de ce deuxième bassin s'élevoit un autre petit piédestal, qui portoit un troisiesme bassin de trois pieds de diamètre, aussy parfaitement bien taillé; c'estoit de ce dernier bassin que jaillissoit l'eau, qui se respendoit ensuitte dans les deux autres bassins. Ces beaux ouvrages, faits d'un marbre esgalement blanc et poly, furent brisez par la pesanteur de tout l'édifice, que les injures de l'air renversèrent de fond en comble.

Le Jardin bas n'estoit separé du jardin d'en haut que par une hauteur de terre et par un berceau de charpenterie, qui faisoit une longue allée. Mais, en 1600, le Roy Henry IV fist faire en cet endroit la grande gallerie qu'on y voit aujourdhuy. Elle a près de 100 thoises de long sur plus de trois thoises de large. Elle est toute bastie de pierre de taille, et ouverte par en bas du costé du jardin par des arcades, disposées entre des Trumeaux contre lesquels il y a autant de colonnes adossées.

Le milieu de ce bastiment est marqué par un corps particulier, qui a un peu plus de saillie et beaucoup plus d'exaucement que le reste de la gallerie et qui s'elève en forme de Dôme. La face est ornée de quatre colonnes par en bas, deux à chaque costé de l'arcade qui est au milieu. Sur ces colonnes sont taillées des branches de laurier qui environnent les chiffres de Henry IV, qui sont des H couronnées. Entre deux colonnes il y a des Niches pour mettre des figures. Au second ordre et à costé de la fenestre du milieu sont quatre pilastres au lieu de colonnes, lesquels portent un grand fronton, derrière lequel on voit eslever le Dôme, qui en a encore un plus petit au dessus. Entre les pilastres, au lieu de niches, sont des tables d'attente. La sculpture de ce deuxiesme ordre n'est point achevée, et les pierres sont encore en bossage dans le tympan du fronton et aux chapiteaux des pilastres.

Tous les trumeaux et les colonnes des arcades, dans l'estendue de toute la gallerie, sont de pierre rustiquée. La hauteur des colonnes ne va que jusqu'à l'imposte et où le bandeau de l'arcade prend sa naissance. Au dessus de chaque colonne sont des petites niches ovales, où il y a des bustes. Les niches sont couronnées d'un bossage qui porte une plinthe, ou platte-bande, qui règne tout le long du bastiment et qui sépare les deux estages. Au dessus et à la hauteur de l'appuy des fenestres est un autre plinthe, qui règne aussy dans toute la face de la gallerie, en sorte que ces deux plattes-bandes et l'espace qu'il y a entre elles servent comme d'entablement au premier ordre. Le second estage n'est couronné que d'une seule corniche, au dessus de laquelle l'ouverture des fenestres s'élève d'une sixiesme partie à leur hauteur.

Cette gallerie a 48 arcades et autant de fenestres au-dessus des arcades. Les deux bouts de la gallerie ne sont pas achevez, et il y reste des arrachements de pierre, qui font juger que le dessein estoit d'y faire quelques logemens. Le sculpteur qui a travaillé aux ornemens estoit un nommé Boyé, de Blois. Il y avoit aussy Robelin, de Paris, qui estoit employé soubs luy.

Lorsque le Roy Henry IV fist bastir cette gallerie, on luy donna avis qu'elle eust esté bien mieux placée sur le costeau qui regarde la rivière, entre le Chasteau et les Capucins. Il en escrivit aussytost à Mon^r de Sommery, grand père de M. de Sommery d'aujourdhuy, auquel il avoit grande confiance; mais, comme il luy fist sçavoir qu'il y avoit desjà 500 escus de despense faite, il voulut qu'on l'achevast.

Il n'y a pas plus de vingt ans qu'on voyoit, à l'entrée du jardin et proche la porte, une figure de terre, représentant une biche, grande comme nature et ramée comme un cerf. Louis XII l'avoit fait faire, dit-on, pour conserver la mémoire d'une biche qu'on avoit trouvée en chassant dans la Forest de Blois. On avoit mis sur la teste de cette figure le mesme bois que la biche portoit. Il n'en reste rien que ce bois, qui est dans un cabinet du jardin et qui a du moins trois pieds de haut; les rameaux sont un peu plats.

C'estoit dans ces jardins que feu Monsieur le Duc d'Orléans prenoit plaisir de faire eslever quantité d'arbrisseaux et de plantes très-rares qu'il faisoit venir des pays les plus esloignez.

LES MONTILZ.

On voit, à trois lieues de Blois, sur les bords de la forest de Russy, les ruines d'une Maison Royalle appellée les Montils. Ce Chasteau n'estoit pas d'une grande estendue, mais la situation en est fort belle. Il estoit eslevé sur le penchant d'un costeau qui regarde le Midy, au pied duquel passe la Riviere de Beuvron, qui arrose des prairies fort agréables. Il y a bien apparence qu'il estoit fort ancien, puisque les historiens, qui ont fait Gelo premier comte de Blois, luy donnent en mesme temps les Montils en partage. Ceux qui ont écrit l'histoire de Chaumont et d'Amboise, et qui ont parlé de la guerre que Foulques, comte d'Anjou, et Thibault, quatrième comte de Blois, firent à Sulpice, Seigneur de Chaumont, font souvent mention des Montils.

Thibault, surnommé le Bon, seneschal de France, c'est à dire grand Maistre, affectionnoit beaucoup cette demeure et fist des dons considérables aux habitans de ce lieu. Comme il y en avoit une grande partie qui estoient serfs de naissance, aussy bien que quelques familles de Blois, il affranchit tous ces misérables, qui menoient une vie très malheureuse.

Alix de Bretagne, femme de Jean de Chastillon, comte de Blois, qui mourut en 1279, fonda un hospital proche le Chasteau, et ordonna que son cœur fut inhumé en la chapelle du Chasteau. Hugues de Chastillon, en 1295, donna à la Maison-Dieu des Montils un droit d'usage dans la forest de Russy, et Guy de Chastillon, qui succéda à Jeanne, sa cousine, fist bastir la Tour qui servoit de Donjon, en mesme temps qu'il bastit, joignant le Chasteau, un monastère de Religieuses, qui s'appelloit Plaisance.

Louis, fils de Guy, dernier comte de la Maison de Chastillon, lequel avoit espousé Marie de Berry, demeuroit souvent aux Montils. Ce fut de là qu'il partit pour aller voir sa mère et sa femme, qui estoient en Haynault, où, peu de jours après son arrivée, il tomba malade et mourut. Sa mort ayant fait résoudre Guy, son père, à vendre le Comté de Blois au Duc d'Orléans, Valentine de Milan, femme du Duc, y fist faire quelques augmentations, ce qui se pouvoit connoistre par ses armes, qui paroissoient en quelques endroits. On dit que c'estoit dans la Tour de ce Chasteau qu'elle faisoit enfermer ceux qui estoient dans les intérests du Duc de Bourgogne.

Tout le Bourg a esté ruiné par les guerres des Huguenots, et il ne reste du Chasteau que les murailles, presque toutes abbattues; car, comme le reste des édifices tomboit dans une entière ruine, l'on a depuis deux ans achevé de les démolir. On voit seulement les fossez qui l'environnoient avec un bastion du costé du Midy, et la Tour qui estoit au milieu du Chasteau.

Par les ruines de ces bastimens on voit que les murailles n'estoient que de moislon et de blocage.

CHASTEAU DE CHAMBORG.

Le Chasteau de Chamborg est situé à quatre lieues
de Blois, dans une plaine où passe la petite Riviere de
Cousson, qui vient de la Sologne et va se rendre dans
la Loire. C'estoit autrefois une maison où les anciens
Comtes de Blois alloient prendre le divertissement de
la chasse, et où ils faisoient souvent leur demeure, ce
qui se voit par plusieurs tiltres donnez à Chamborg dès
le douziesme siècle. Il y en a un de l'année 1190, par
lequel Tibault, surnommé le Bon, Comte de Blois et
Sénéchal de France, fait de grands dons aux Religieux
de Bologne de l'ordre de Grandmont. Le Chasteau
n'estoit pas alors considérable par sa structure, mais il
y avoit un gros Bourg, et une église collégiale, que le
Roy Francois Ier fist demolir avec les anciens bastimens.

Quand ce Prince eut résolu de faire bastir, il commença par acquérir plusieurs bois et autres héritages,
nécessaires à l'augmentation du Parc, qu'il vouloit
faire clore, et au milieu duquel le Chasteau de Chamborg est enfermé.

Il fist aussy faire plusieurs desseins pour le bastiment
avant que de rien entreprendre. Quelques uns ont cru

que Vignole estoit l'autheur de celuy qu'on a suivy;
mais c'est mal à propos qu'on a eu cette pensée, car il
n'y a rien qui ait raport à la manière de cet architecte,
qui ne vint en France que quand le Primatice retourna
de Rome, où le Roy François Iᵉʳ l'avoit envoyé, en
1540, pour y faire mouler les plus belles antiques et
faire achapt de quelques statues.

D'autres ont pensé plus probablement que celuy qui
en donna le dessein et qui conduisit l'ouvrage estoit de
Blois, et demeuroit dans une maison qui appartient
aujourdhuy à M. de Fougère, parce que cette maison
est bastie du temps et à la manière de Chamborg, et
que ce fut là qu'il fist un premier modelle du Chasteau
pour le monstrer au Roy. Il est vray que l'on voit
encore dans la même maison un modelle de bois assez
bien taillé, et dont chaque face a quatre pieds de long.
Véritablement il est tout rompu et gasté de pourriture,
faute d'avoir esté conservé. Cependant sur les morceaux
qui en restent, et que l'on a rapportez les uns auprès
des autres le mieux qu'il a esté possible, on en a fait
le plan et les élévations par lesquelles on peut juger de
l'intention de l'architecte et de la différence de cette
pensée à ce qui a esté executé.

Ce modèle représente un grand bastiment quarré
ayant quatre Tours aux quatre coins et quatre principaux appartemens, separez par l'escalier et par trois
grandes sales qui, avec la place de l'escalier, font une
croix. La quantité des pièces, et leur distribution
approche beaucoup de ce que l'on voit d'executé à
Chamborg, hormis l'escalier du modèle qui est tout
différent de celuy de Chamborg; car on le rencontre dès
l'entrée du bastiment et lorsqu'on a traversé un vestibule, qui a deux passages ou espaces de galleries sur la

face du Chasteau. Cet escalier est double jusques au premier estage, c'est à dire qu'on trouve deux rampes, l'une à droite et l'autre à gauche, et, parce que l'on entre dans le vestibule par trois portes, l'une au milieu et les deux autres aux costez, les rampes sont vis à vis les portes des costez, et le milieu sert de passage qui conduit aux appartemens bas, où on trouve trois grandes salles qui les dégagent. Il y a de semblables logemens aux estages d'en hault; mais, pour monter du second estage au troisiesme, l'escalier n'a qu'une rampe qui s'élève au milieu de deux passages, qui servent pour la communication des logemens qui sont sur la face du devant.

Ce modèle a trois estages. Aux costez des portes de la face du devant, il y a deux espèces de petites Tours, qui sont à pans et qui s'eslèvent jusques au hault du bastiment. Toutes les fenestres sont percées en arcades, comme on peut voir par les trois différentes élevations, qui représentent la face de devant, celle qui luy est opposée et celle des deux costez. Cependant on doit juger par ce modèle comme les premières pensées ne sont pas toujours suivies, mais qu'elles sont très souvent ou rejetées ou rectifiées.

Ce qu'il y a de remarquable, c'est que dans ce temps là on estoit encore tellement accoustumé à accompagner les Chasteaux de Tours ou de Tourelles, qu'encores qu'elles causassent de grandes irrégularitez dans la distribution des appartemens et beaucoup d'incommodité dans les lieux particuliers, néantmoins on souffroit tous ces deffauts et l'on songeoit moins à la beauté extérieure et aux desgagemens du dedans qu'à conserver cet ancien usage de Donjons et de Tours, qui faisoient alors la beauté et la force des Chasteaux.

Aussytost que François Ier eut arresté le plan et les élévations de cette magnifique maison, il commença d'y faire travailler, et, comme l'entreprise estoit considérable, Sa Majesté commit Mre Charles de Chauvigny, chevalier, s^r de Murat, pour ordonner des ouvrages et des payemens qu'il conviendroit faire, ainsy qu'il est porté par les Lettres de Sa Majesté, données à Chamborg le premier Octobre 1526, lesquelles luy attribuent 1200 ^tt de gages pour chacun an.

Le mesme jour le Roy, par autres Lettres, commist aussy Me Raymond Forget, secretaire de la Reyne de Navarre, Duchesse d'Alençon et de Berry, pour faire les payemens suivant les ordonnances, rolles et mandemens du s^r de Chauvigny, et sur les controlles et certifications du Controlleur ordonné par Sa Majesté, pour exercer cette charge par le s^r Forget aux gages et taxations telles que par Sa Majesté et les Gens de ses Comptes, ou autres ayant pouvoir d'elle, luy seroient reglez, et aux profits et émolumens accoustumez, pour lesquels gages luy fut ordonné par M^rs des Comptes 1200 ^tt par an.

Par autres Lettres patentes, données à Paris le 23e juin 1528, S. M. commist Anthoine de Troye pour assister, voir et faire le controlle de la Dépense des bastimens de Chamborg, signer, vérifier et calculer les roolles, ordonnances et marchez, passer quittances, et généralement tout ce qui pourra estre fait par le commandement et ordonnance du s^r de Chauvigny, pour l'exercice de laquelle commission ses gages furent reglez à 365 ^tt pour une année.

Le 10e avril 1539, le Roy commist à l'exercice du controlle Me Jean Grossier, au lieu et place d'Anthoine de Troye, et de Pierre Trinqueau, parce que de Troye avoit quitté la commission dès le dernier mars 1536, à cause du marché et entreprise par luy faite des Tours et Pavillons quarrez du Donjon de Chamborg, suivant le marché passé par devant Landry, nottaire à Tours, le 29ᵉ mars 1536 entre Mʳᵉ Philbert Babou, sʳ de la Bourdaisière, Conseiller du Roy, et ayant charge de Sa Majesté. A l'esgard de Trinqueau, il estoit décedé le 26ᵉ aoust 1538.

Le 26ᵉ decembre 1539, le Roy, par ses Lettres données à Fontainebleau, commit, pour tenir le compte et faire les payemens, Mᵉ Nicolas Pelloquin au lieu et place de Mᵉ Raymond Forget, lequel Pelloquin presta serment à la Chambre des Comptes le 10ᵉ janvier 1539 et donna caution.

Il paroist qu'en l'an 1541 le sʳ de la Bourdaisière avoit encore l'Intendance sur les bastimens de Chamborg et que le Gouvernement du Chasteau et le maître maçon, nommé Jacques Coqueau, avoient soin de l'avertir et de luy rendre compte de ce qu'il y avoit à faire, et pour cet effet luy envoyoient homme exprès à Fontainebleau, ou la Cour estoit.

Le 9ᵉ juin 1541, le Roy par ses Lettres restablit Mᵉ Raymond Forget en sa charge de Trésorier et payeur des bastimens de Chamborg.

Le 27ᵉ mars 1543, Sa Majesté, par ses lettres patentes données à Annet, commist Damᴵˡᵉ Anne Gédouin, veuve de Mʳᵉ Jean le Breton, Seigneur de Vilandry, Conseiller du Roy et Secrétaire des finances, pour, avec le Controlleur des bastimens de Chamborg et Jacob Coquereau, Mᵉ Maçon, faire tous les devis et marchez desdits bastimens.

Et, le 23ᵉ may 1545, le Roy, par autres Lettres expediées à Chasteaudun, donne à la Damoiselle de

Villandry la Conciergerie, charge et garde des chambres
et meubles du Chasteau de Chamborg.

Il se voit que la despense de ce Chasteau, depuis que
le roy François Ier le fist commencer jusqu'en l'an
1547 que ce Prince mourut, monte à la somme de
quatre cens quarante quatre mil cinq cens soixante dix
livres, six sols, quatre deniers tournois, qui est une
somme très considérable, si l'on fait attention au prix
de l'argent et à la valeur des matéreaux et peine des
ouvriers de ce temps là.

Car, premièrement pour ce qui regarde les ouvriers,
Guillaume Boutroüe, qui tenoit le compte des tombereaux de moilon, n'estoit payé qu'au prix de quinze
sols par jour.

Pierre Trinqueau, qui estoit le Maître Maçon et qui
avoit la charge et la conduitte des bastimens, estoit
payé à raison de 27 s. 6 d. par jour.

Denis Gourdeau, qui avoit la conduitte des traits de
maçonnerie desdits édifices, 20 s. par jour.

Jean Gobreau, Me Maçon, ayant aussy la conduitte
d'une autre partie desdits édifices, vingt sols.

Les Appareilleurs 10 s.

Il y avoit plusieurs autres maçons et appareilleurs à
divers et moindre prix, comme à 6 s. 3 d., à 6 s., à 5 s.
3 d., à 5 s., à 4 s. 6 d., et à 3 s. 2 d.

Les sculpteurs en pierre, qui entreprenoient de tailler
les chapiteaux, avoient par chaque chapiteau 27 s. 6 d.
et, pour la taille des rouleaux, 10 s.

Pour les marches de pierre dure, 7 s. 6 d. de la
pièce;

Pour la taille des grandes marches de pierre dure de
la pierrerie de Chilly, de 8 pieds et demy de long au
prix de 25 s. la pièce;

Pour la taille des quartiers de pierre de Bouré, 39 s. 7 d. du cent.

A Pierre Tarsien, natif de Novare dans le Milanois, que le Roy avoit fait venir à Chamborg pour faire porter batteau à la Rivière du Cousson, 10 s. par jour, festes et dimanches;

Les scieurs de long 4 s. 2 d.;

Les maneuvres à tourner les grues, 4 s. 2 d.;

Les maneuvres à porter le taillard, 3 s.;

Il y avoit d'autres maneuvres, à 2 s. 6 d.;

Les Menuisiers, Mareschaux et Charrons, au prix de 5 s. par jour;

Les Bûcherons, 3 s. 4 d.;

Les Maistres Charpentiers, 7 s. 6 d.;

Autres Charpentiers, 5 s. et 4 s. 2 d.;

Aux Jardiniers, à raison de 5 s. par jour;

Pour les Charois à trois chevaux, 15 s. par jour;

Ceux à deux chevaux, 10 s.;

Charrois pour mener le sable à l'attelier, 12 deniers pour chaque tombereau.

Aux Chaussonniers pour chaque fournée de chaux, 60 s.

A un marchand de Blois qui a fourny à l'attelier une fournée de chaux, 15 ₶.

Pour les tombereaux de moislon livrez sur le lieu, au prix de 12 ₶ 10 s. le cent.

La pierre de Saint-Aignan, à raison de 20 s. le grand bloc.

Autre pierre du mesme lieu, à raison de 10 s.

Les planches et les ais de sciage, à raison de 5 s. 6 d. la thoise.

Au Serrurier, pour les pièces de fer pour servir aux bastimens, à raison de 11 d. la livre.

Pour le cloud du grand Gien, 25 s. le milier.

Pour le cloud de demy Gien, 12 s. 6 d.;

Pour la grande broquette, 10 s. le milier;

Le cloud pour l'ardoise, 5 s. le milier;

Le charbon, 15 d. le sac.

Aux Couvreurs pour les goutières, au prix de 10 s. la thoise,

Et, pour les tables de plomb, au prix de 12 d. la livre.

A Lazare Chanet, bateur d'or, payé en 1541, 18 ^{tt} du milier d'or employé à dorer la plomberie du Donjon.

Hameau, Bonneau, et d'autres Charpentiers entreprirent et firent les ouvrages de charpenterie du Donjon et des Tours du Chasteau.

Sa Majesté avoit commis Paul de Breignan, Italien, pour destourner les eaux qui estoient à l'entour du Chasteau et les assembler en un canal, et, pour cet effet, luy ordonna 25 ^{tt} de gages par mois.

Breignan fist plusieurs voiages à la Cour, pendant la maladie dont le Roy mourut, et eut ordre d'achever le canal; mais, lorsque Henry II fut parvenu à la couronne, il y eut des changemens, et, quoy que l'on continuast de travailler à Chamborg, les bastimens n'avançoient pas comme auparavant.

Il est vray que François Ier avoit mis le Donjon presque entièrement en l'estat qu'on le voit, et, lorsque l'empereur Charles V passa en France en 1540 et qu'il vit cette maison, il l'admira d'autant plus qu'il voyoit que, nonobstant les grandes depenses que le Roy avoit esté obligé de faire pour entretenir des armées si nombreuses, cela ne l'avoit pas empesché de faire bastir plusieurs grands édifices.

La Damoiselle de Vilandry estant venue à mourir, le Roy Henry II, par ses Lettres données à Compiègne le 2ᵉ septembre 1547, commist en sa place Claude de Bombelle, seigneur de Lavau, pour, avec le Controlleur et le Maître Maçon, faire tous les marchez nécessaires pour la continuation des bastimens de Chamborg.

Jacques Coqueau, qui estoit le Maître Maçon, estoit payé à raison de 27 s. 6 d. par jour; mais, en 1556, il estoit sur l'estat à 400 ᵗᵗ de gages, en qualité de Maître Maçon du Roy, pour avoir la conduitte, faire les desseins et les devis de la maçonnerie et de la charpenterie.

Il y avoit alors quelqu'augmentation aux prix des matériaux car on payoit le grand cloux de Gien à 35 s. le milier,

Et les marches de pierre de Chilly et de Fonchault, de 6 piedz de long, à raison de 42 s. la pièce.

Ces lieux de Chilly et de Fonchault sont inconnus à présent. Il y a apparence que c'estoient quelques carrières particulières, qui sont finies il y a longtemps et dont on ne parle plus.

Elles pouvoient estre du costé de Tours, car les maçons les prennent aujourdhuy pour estre de Marnay, qui est auprès de Tours.

On payoit alors au Vitrier le verre à raison de 5 s. le pied, et pour chacune lozange 10 d.

Au Menuisier pour la façon de trois huis, taillez à devises, en la chambre de la Tour, au second estage des galtas du Donjon, à raison de 4 ᵗᵗ pièce;

Pour avoir fait un huis, taillé à panneaux et bossages rustiques, 46 s. 8 d.;

Pour la façon d'une demy croisée en l'une des Garderobes 10 s.

Au Serrurier, pour la ferrure de chacune des demy croisées 6 ℔ 5 s.;

Au mesme, pour avoir ferré un huis commun, garny de serrures, tiroüeres, fiches, et de deux clefs, 27 s. 6 d.;

Pour avoir ferré un autre grand huis, garny d'une serrure double, une clef à passepartout et deux autres clefs, 60 s.

A un marchand de Blois pour des piédroits de bois chastein, pour servir aux croisées de la Chapelle et en soustenir les cintres, aux prix de 3 s. la thoise, de 5 pouces en tout sens;

Au mesme, pour des planches de bois de 4 pouces d'espoisseur pour soustenir les clefs des croisées, au prix de 31 s. la thoise;

Pour des soliveaux, de 6 et 7 pouces en quarré, au prix de 4 s. la thoise.

A un Chaussonnier, pour chaux fournie à 50 s. le muid.

Pour carreau à paver, 35 s. le milier.

A l'entrepreneur de la closture du parc, à raison de 33 s. la thoise de muraille.

Le 12ᵉ aoust 1553, le Roy commist Denis Grossier pour Controlleur des bastimens, au lieu de Mᵉ Jean Grossier.

Le 20ᵉ janvier 1555, S. M. donna à Claude de Bombelles fils, la commission de Gouverneur des bastimens de Chamborg, qu'exerçoit Claude de Bombelles son père, à condition de survivance, dont ledit de Bombelles presta le serment, entre les mains de Mʳ le Garde des Sceaux, le 19ᵉ febvrier 1556.

Le Roy Charles IX, par ses Lettres données à Blois au mois de décembre 1565, supprima l'office de Trésorier des bastimens de Chamborg, vacant par la mort de

Mᶜ Claude Pelloquin, et commist à l'exercice de cette charge Mᵉ Jean, Seigneur et Receveur ordinaire du Comté de Blois, unissant et incorporant à l'avenir ladite commission à l'office de Receveur dudit Comté, sans qu'elle en puisse estre séparée.

Sa Majesté, par ses Lettres données à Saint Maur des Fossez, le 8ᵉ septembre 1568, commist aussy Damoiselle Léonor le Breton, veuve du sʳ de Gognier, et fille de la feue Damoiselle Anne Gédouin, à l'estat et gouvernement du Chasteau de Chamborg, avec plain pouvoir d'ordonner des reparations, pour laquelle charge elle presta serment entre les mains de Mʳˢ du Conseil privé le 25ᵉ juin 1569.

L'on ne voit pas, que, depuis le règne de Charles IX, on ait avancé les bastimens de Chamborg, et mesme la despense fut beaucoup moins forte après la mort de François Iᵉʳ; car, depuis l'année 1547 jusques en 1571, elle ne montoit qu'à la somme de quatre vingts onze mil huict livres, six sols cinq deniers tournois, laquelle somme, avec celle de 444,570 ℔ 6 s. 4 d. tournois cy dessus, font ensemble la somme de cinq cens trente cinq mil cinq cens soixante dix huict livres, douze sols, dix deniers, à quoy monte toute la despense faite à Chamborg jusques à l'année 1571, depuis lequel temps, les travaux estans cessez par les changemens de Règnes et par les guerres et les différentes affaires de l'Estat, on s'est contenté d'y faire les réparations les plus nécessaires.

Aujourd'huy que les Bastimens du Roy sont entretenus avec beaucoup plus de soin qu'on ne faisoit autresfois, Monseigneur Colbert, Surintendant des Bastimens, a fait mettre ce Chasteau en estat de pouvoir loger le Roy beaucoup plus commodément que par le passé.

CHASTEAU DE CHAMBORG,

comme il est présentement.

Le Chasteau de Chamborg est situé, comme l'on a desjà dit, dans une plaine à quatre lieues de Blois, du costé d'orient; la face de devant est tournée entre le levant et le midy. Il consiste en une grande cour quarrée, aux quatre coins de laquelle il y a quatre tours, et, entre les tours, des bastimens et des terrasses qui ne sont point achevez. Cette cour environne de trois costez seulement le principal corps de logis du Chasteau et ce qu'on appelle communément le Donjon; car par derrière et du costé de la rivière est un marais qui bat au pied des bastimens.

Les trois autres costez de la cour sont entourez de fossez fort larges et plains d'eau. Ils sont revestus de pierre de taille, avec une contrescarpe et une fausse braye.

Lorsqu'on aperçoit de loing tous ces bastimens au milieu de la forest, on est surpris par la quantité des pavillons, des tours, des tourelles, qui composent le Donjon, au milieu duquel l'escalier s'éleve en forme de Dome. Tout cet Edifice fait un aspect assez extraordinaire, car la manière dont il est construit n'est ny gottique, ny moderne, je veux dire du goust des anciens qu'on suit aujourd'huy. Il y a quelque chose de l'un et de l'autre dans les ordres et dans les ornemens extérieurs. Et, quoy que ce meslange soit un ouvrage singulier, le tout ensemble a beaucoup de grandeur et de majesté. Aussy l'on peut regarder cette maison comme une des plus magnifiques et des plus belles que les Roys de France eussent fait bastir jusques alors.

Le Donjon est un grand corps de logis quarré composé de quatre pavillons, séparez par de grandes salles qui au-dessus du dernier estage sont couvertes en terrasses. Chaque face de tout le logis ensemble a 25 thoises dans œuvre, et, aux quatre coins, il y a quatre tours de dix thoises de diamètre aussy dans œuvre; elles s'élèvent à la hauteur des pavillons.

Ce bastiment a trois estages, sans comprendre les galletas des pavillons et des tours. Au milieu de tout l'édifice, est un escalier de figure ronde et de trente pieds de diamètre. Il s'élève beaucoup au-dessus des terrasses, d'où jusques à son entablement il est percé par deux rangs d'arcades, les unes sur les autres, soustenues par des piédroits, des pilastres et des colonnes. Au dessus du Dome qui le couvre, il y a un autre petit Dome, ou Lanterne, aussy tout percé à jour, avec des ornemens delicatement travaillez. L'on monte dans l'escalier par deux differens endroits, et les marches sont disposées autour du noyau de telle sorte que plusieurs personnes peuvent monter de part et d'autre sans se voir, et néanmoins se trouvent en mesme temps dans les salles hautes, car il se communique à tous les estages, lesquels ont quatre grandes salles qui croisent le bastiment et séparent, comme j'ay dit, les quatre pavillons, qui sont dans les quatre encoigneures, et sont quatre grans appartemens dans chaque estage.

Les salles du troisiesme estage sont voutées de pierre de taille, et le cintre des voutes est enrichy des chiffres du Roy François Ier, excepté dans ce que Henri II a fait achever, où sont ses chiffres et ses devises avec plusieurs autres ornemens très délicatement taillez. Au dessus de ces salles sont quatre grandes terrasses, d'où l'on découvre tout le parc, et une grande estendue de pays dont la diversité des objets fait une veue tres agréable.

Outre les quatre grands appartemens, qui sont à chaque estage dans les pavillons, il y en a aussy d'autres, dans les quatre tours, qui ont leurs dégagemens particuliers.

Il y a deux corps de bastimens attachez entre les tours du Donjon et celles qui sont aux encoigneures de la Cour du costé du marais. Ces deux bastimens ont aussy trois estages, composez de galleries et de terrasses du costé de la Cour, lesquelles communiquent du Donjon aux pavillons et aux bastimens en retour, qui sont en aisle entre la cour et le fossé et qui n'avancent que jusques au niveau de la face du grand corps de logis et au milieu de la cour, parce que tout le reste de l'estendue des costez n'est disposé que pour des terrasses, eslevées à la hauteur du premier estage, et qui ont des offices et des logemens au dessoubs affin de conserver aux principaux logemens la beauté de la veue.

Tous les bastimens, qui environnent la cour, ne sont point achevez, tant sur la face que par les costez. Le plan peut faire concevoir l'estat présent de ces différents lieux et de quelle manière les logemens sont distribuez.

A est l'escalier de figure ronde; on y monte par deux endroits différents. Palladio, qui en rapporte la figure dans son premier livre, fait bien voir que ny luy, ny ceux qui luy en ont donné des mémoires, ne l'ont jamais veu, car il dit qu'on y monte par quatre endroits et en fait le plan tout différent de ce qu'il est.

B sont les quatre grandes sales qui partagent les appartemens des quatre pavillons, et desquelles on communique aussy dans les quatre Tours par les Corridors marquez C.

Dans le Pavillon D, au premier estage d'en haut, est l'appartement du Roy, composé d'une grande et d'une petite chambre, d'une garderobe et d'un cabinet; et, dans la Tour E, est l'appartement de la Reyne, qui contient un petit nombre de pièces avec des escaliers dégagez.

Les appartemens des autres Pavillons et des Tours ont une mesme quantité de pieces.

Par le Corridor F et par la Gallerie G, ou par la terrasse attenant, on va à la petite Chapelle de la Reyne H, et aux appartemens qui sont dans la Tour I, qui a son principal escalier K qui communique aux logemens du hault marquez L, lesquels se terminent à la terrasse M, qui continue jusques à la Tour N, soubs laquelle terrasse il doit y avoir des offices voutées.

De l'autre costé du Donjon il y a aussi le Corridor et la Gallerie O et P, semblables à F G. On y passe pour aller dans la Tour Q, destinée pour la principale Chapelle, dont il n'y a que les murs de face qui sont eslevez jusques à l'entablement; car pour les murs de refend, ils ne sont eslevez que jusques à neuf piedz de hault, sans voutes ni couvertures.

Dans le corps de logis en aisle, marqué R, il n'y a aussy que les murs de face qui sont eslevez. Le reste du bastiment, qui continue depuis l'escalier S jusques à T, ne devant estre qu'une terrasse, les murs de face ne sont eslevez que jusques à la hauteur du premier estage, et recouverts d'un entablement de pierre.

Les murs de face, depuis T jusques à la Tour V, ne sont aussy eslevez qu'au premier estage de mesme que la Tour; les murs de refend sont à neuf pieds de hault. Il n'y a rien de vouté que les deux petits lieux X.

Toute la face, depuis Y jusques à Z, a esté destinée pour une terrasse avec des offices dessoubs. Les murs de face sont eslevez jusques au premier estage, et les murs de refend de trois, quatre et cinq piedz de hault seulement. Les pierres qu'on a employées sont de Bouré, de Vineuil et de Lie; il y en a aussy d'Apremont et de Marnay.

Les marches des escaliers et les dalles des terrasses sont de Marnay, et les chapiteaux des pilastres, des colonnes, et les balustres du grand escalier sont de pierre de Lie. Les appuis de l'escalier et plusieurs autres morceaux sont de pierre d'Apremont, et, dans tout le bastiment, il y a de toutes ces sortes de pierre indifféremment employées les unes parmy les autres, et assez mal appareillées. Cependant rien ne se déjoint, et l'on ne s'est point servi de fer pour aucunes liaisons. Il y en a seulement qu'on a esté obligé de mettre longtemps après que le bastiment a esté fait, à cause des pluyes et des mauvais temps qui ont ruiné quelques pierres.

Pour le mortier dont l'on s'est servi, il se trouve de bonne nature; aussy, à l'exception de quelques endroits que les eaux ont gastez, toutes les pierres et la maçonnerie sont bien conservées.

Il sera parlé cy après de toutes les différentes qualitez des pierres chacune en particulier.

CHASTEAU DE MONTFRAUD.

Dans la forest de Boulogne, à une lieüe ou environ du chasteau de Chamborg, est celuy de Montfraud. C'est une ancienne Maison Royale, bastie, de mesme que Chamborg, par les premiers Comtes de Blois de la Maison de Champagne. Quelqu'un des Comtes de Blois l'ayant donné à l'Hostel Dieu de cette ville, Gaultier, seigneur d'Avennes, et Margueritte, Comtesse de Blois, son espouse, en firent une nouvelle acquisition par un eschange qu'ils firent avec l'Hostel Dieu en 1233. C'est un bastiment fort ancien et fort simple, scitué dans une grande solitude, et où apparemment les Comtes de Blois s'alloient délasser au retour de la chasse. Il y a plusieurs tiltres dans lesquels le Chasteau de Chamborg est appellé Chamborg-Montfraud, peut estre pour le distinguer d'un autre Chambord, qui est sur la riviere d'Indre, environ à quatre lieües d'Amboise.

CHASTEAU DE CHENONCEAUX.

Bien que le Chasteau de Chenonceaux n'ait pas esté
uny à la Couronne, néantmoins, à cause qu'il a appartenu à la Reyne Catherine de Médicis, ceux qui ont
escrit des Bastimens l'ont mis au nombre des Maisons
Royalles. Il a esté basty par Thomas Bohyer, chambellan des Roys Louis XI, Charles VIII, Louis XII et
François Ier, Général ou Intendant des finances et
Lieutenant pour le Roy en Italie. Comme il avoit
espousé Catherine Briçonnet, fille légitime du Cardinal
Briçonnet, et qu'il estoit proche parent du Cardinal
du Prat, parceque Astremoine Bohyer son pere avoit
espousé Beraulde du Prat, sœur, ou tante selon
quelques uns, du Cardinal, dont le pere, Antoine du
Prat, Sr de Verrière, avoit aussy espousé une Jacqueline
Bohyer, toutes ces alliances et les emplois qu'il avoit
le rendoient fort considérable; aussy eut-il un frere
Archevesque de Bourges, qui fut créé Cardinal, le
premier avril 1517, à la recommandation et aux pour-
suittes du Roy François Ier, lequel voulut bien en cela
gratifier le chancelier du Prat, qui, estant alors marié,
ne pouvoit point aspirer à cette dignité, mais qui

l'obtint pour son parent. Il est vray que Martin du Bellay, dans ses Mémoires, dit qu'il en cousta quarante mil escus à son frère, et que cette promotion fut cause de ce que Evrard de la Marck de Bouillon, evesque de Liège et de Chartres, quitta le service de François Ier, pour s'attacher à Charles V, parce que, le Roy luy ayant promis de le favoriser auprès du Pape, on luy préféra l'Archevesque de Bourges lorsqu'il fut question de nommer un sujet, de sorte qu'ayant conclu une ligue offençive et deffençive avec Robert, Prince de Sedan, son frère, et Charles d'Autriche, Roy d'Espagne, il agit ensuitte puissamment à la Diète tenue à Francfort l'année suivante, après la mort de l'Empereur Maximilien, et favorisa la faction de Charles qui luy procura en eschange l'archevesché de Valence et le Chapeau de Cardinal, que Léon X luy envoya et qu'il reçut à Bruges en 1520.

Ce fut le Cardinal Bohyer, qui, estant abbé de St Oüen de Rouen, contribua beaucoup au bastiment de cette Eglise et qui a beaucoup embelly le Palais archiépiscopal de Bourges, ce qui fait voir que la famille des Bohyers estoit naturellement magnifique et aymoit les bastimens. Car le Chasteau de Chenonceaux, que fist faire son frère, Thomas Bohyer, est construit avec autant de solidité, de beauté et de soin qu'aucun autre qui ait esté fait en ce temps là. Il est situé dans la Touraine, sur la rivière du Cher, à trois lieües d'Amboise. C'est une masse de plusieurs pavillons eslevez sur des pilles de pierres dures fondées dans le lict mesme de la rivière.

La face du Chasteau regarde le Nort. L'on y arrive du costé du bourg par une avenue de plus de 300 pas, qui conduit jusques dans l'avantcour et qui devoit estre bordée de part et d'autre de larges canaux d'eaue vive revestus de pierre de taille.

Du costé droit de l'avantcour, il y a des logemens particuliers, et du costé gauche sont des jardins et des parterres qui bordent la rivière; la cour du Chasteau n'est séparée de l'avantcour que par une balustrade de pierre.

D'une terrasse, qui est au devant de la Maison, on entre dans une allée qui sépare les appartemens à droit et à gauche. Le principal appartement est du costé gauche. On trouve une salle qui communique à plusieurs Chambres, à des Cabinets, à des Garderobes et à d'autres dégagemens. Il y a deux chambres toutes lambrissées, avec des plafonds de menuiserie par compartiments. Dans l'une ils sont ornés des armes de la Reyne Catherine de Medicis, et dans l'autre, qui est peinte de noir, ils sont parsemez de larmes d'argent, qui sortent de certains cornets aussy d'argent.

Il y a un petit Cabinet à costé qui est peint et orné de la mesme sorte. C'estoit le lieu où logeoit la Reyne Louise, après la mort de Henry III, son mary.

De la mesme salle, on entre dans la Chapelle, qui est fort bien bastie de pierre très blanche. La voûte est à croisées d'ogives et, dans les clefs, sont les armes du General Bohyer, qui portoit d'or à un Lion d'azur au chef de gueulle. On y voit aussy les armes de sa femme et celles de son frère le Cardinal. Il y a quelques endroits où, sous les armes du General Bohyer, est escrit : *S'il vient à poinct, il m'en souviendra.*

De l'autre costé de l'allée est un autre appartement, composé de plusieurs pieces et de l'escalier, qui conduit aux appartements d'en haut, composés d'un pareil nombre de chambres, de cabinets, et de garderobes que l'estage d'en bas.

C'est dans les piles qui portent tout le bastiment que sont les Cuisines et les Offices, trèscommodes et fort bien pratiquées.

Après la mort de Thomas Bohyer, qui arriva en 1524, le Connestable de Montmorency eut le Chasteau de Chenonceaux, ensuitte la Duchesse de Valentinois le posséda quelque temps; mais, environ l'an 1559, la Reyne Catherine de Medicis ayant trouvé la situation de ce lieu agréable, achepta le Chasteau de Chaumont, qui avoit esté fort longtemps le fief affecté aux Aisnez de la Maison de Chaumont d'Amboise, et le donna à Diane de Poitiers, duchesse de Valentinois, en eschange de celuy de Chenonceaux, dont elle vouloit augmenter les bastimens. On voit parmy les desseins de Du Cerceau le Plan de ce qu'elle avoit l'intention de faire. Après Catherine de Médicis, la Reyne Louise, fille de Nicolas de Lorraine, comte de Vaudemont, et femme de Henry III, eut cette maison qu'elle laissa à ses heritiers. Elle escheut à Madame de Vendosme qui l'a laissée à Messieurs de Vendosme.

Cependant de tous les grands desseins que la Reyne Catherine avoit projettés pour en faire une Maison delicieuse et très magnifique, elle n'acheva que la Gallerie qui est attachée au chasteau et qui traverse toute la rivière. L'on y entre par le vestibule qui est au bout de l'allée. Les appartements bas ont aussy des portes pour y pouvoir aller sans passer par le vestibule. Elle a trente thoises ou environ de longueur sur trois thoises de large. Elle n'est point voultée non plus que tous les autres appartemens du chasteau, qui n'ont pour plafond que des poutrelles. Elle est ouverte par cinq grandes croisées de chaque costé, qui respondent au milieu des cinq arches sous lesquelles la Rivière passe, et, sur les avantcorps des piles, il y a des espèces de Niches qui sortent hors œuvre en forme de petites Tours, qui sont aussy ouvertes par des fenestres en arcades.

Au-dessus de cette Gallerie il y en a encore une pareille d'où l'on entre de plain pied dans les appartemens haults. Elle est ouverte de part et d'autre, mais différemment de celle de dessoubs; car, au lieu des niches qui sont à la Gallerie basse au dessus des piles, ce sont de grandes croisées quarrées, pareilles à toutes les autres qui sont sur le milieu des arches, hormis qu'elles s'ouvrent jusques au niveau du plancher et servent de portes pour entrer sur autant de petites terrasses, environnées de balcons, d'où l'on voit du costé du levant et du costé du couchant le cours de la Rivière, bordée de prez, de bois et de collines.

Dans les Galleries il y a des niches entre les fenestres, et, dans chaque niche, un buste de marbre. Le bout de ces Galleries du costé du parc n'est point achevé. La Reyne Catherine y vouloit faire joindre un autre corps de logis. Cette Maison est accompagnée de jardins, d'un parc et de tout ce qui peut rendre un lieu très-accomply. Le Chasteau est de pierre dure dans les premières assises et jusques au dessus des arches, et le reste de pierre de Bouré et de Lie, très-blanche et bien conservée. Tous les ornemens, tant dedans que dehors, sont à la manière de ce temps là, c'est à dire délicatement taillez. La beauté de ces ouvrages paroist d'abord dans la face du Chasteau, où les pilastres et les Termes, qui sont entre les fenestres des deux estages, sont travaillez avec beaucoup de soin, comme aussy les deux trompes, qui font partie du balcon qui est au dessus de la porte, la corniche de l'entablement, les fenestres en lucarnes qui sont dans les combles et les tuyaux mesmes des cheminées.

Dans la cour du Chasteau, et assez proche du pont, il y a une ancienne Tour. On y entre par un grand perron de plusieurs marches. La porte et les fenestres de cette Tour sont ornées de sculptures, comme aussy les rampes et le devant du perron, où il y a divers trophées taillez dans la pierre. Cette Tour paroist plus ancienne que le Chasteau.

CHASTEAU DE CHAUMONT SUR LOIRE.

Puisque la Reyne Catherine de Médicis a fait sa
demeure dans le Chasteau de Chaumont, on peut le
mettre au rang des Maisons Royalles, aussy bien que
Chenonceaux. Il est scitué entre la ville de Blois et celle
d'Amboise, sur un costeau assez escarpé du costé du
nord et du septentrion, au pied duquel passe la
Rivière de Loire. Cette Seigneurie est fort ancienne
et très-considérable, contenant plus de dix lieues
d'estendue. Le Moine de Marmoutier, qui a escrit
l'histoire d'Amboise, dit que ce fut Hugues, père
d'Eude, Comte de Blois, qui fonda la ville de Chaumont sur une montagne où il y avoit une ancienne
Eglise dediée à St Martin; mais il y a apparence que
c'est une faute du copiste, qui a mis *Hugo* au lieu de
Odo premier, père d'Odo II. Il adjouste que proche de
là il y avoit un lieu que l'on appelloit la Mesnagerie
la Comtesse; que Eude, qui doit estre le IIe du nom,
donna le gouvernement de cette place à un chevalier nommé Nivole, affin de s'opposer à Lisoys,
avec lequel il avoit souvent la guerre; qu'ensuitte
Gelduin, noble et vaillant chevalier, d'origine danoise,
qui avoit toujours assisté Eude, ayant esté obligé de se

retirer à Pont-Levoy qui estoit de son domaine, luy demanda Chaumont pour le recompenser de la perte qu'il avoit faite de Saumur, que Foulques, comte d'Anjou, luy avoit prise; ce que Eude luy ayant accordé, il bastit le Chasteau et le remplit de toutes sortes de munitions.

Ce Gelduin eut un fils nommé Geoffroy, qui estoit si bien fait et si beau de visage qu'on le nommoit *la fille;* il fut un des vaillans hommes de son temps, et l'on a remarqué de luy que, s'estant accoustumé dès sa jeunesse à avoir toujours la teste nüe, il ne la couvroit jamais, quelque temps qu'il fist. Gelduin, après avoir vescu fort longtemps, bastit un monastère à Pont-Levoy et donna aux moines ce qu'il possedoit en ce lieu là, à l'exception de quelques fiefs, qu'il laissa à son fils avec ce qu'il avoit receu du Comte Eude. Il fut enterré dans l'Eglise de Pont-Levoy, où est aussy sa femme Aanorde.

C'estoit le Gelduin que Foulques Nera, comte d'Anjou, appelloit le Diable de Saumur, parce qu'il estoit extra-ordinairement vaillant et redouté de ses ennemis. Il donna l'origine à la Maison de Chaumont d'Amboise, car Geoffroy, son fils, luy ayant succédé à la Seigneurie de Chaumont, maria Denise, fille de sa sœur et de Frangal, seigneur de Fougères, à Sulpice, fils du vaillant Lisoys de Basogiers, surnommé, dans l'histoire d'Amboise, l'honneur de la noblesse du Mayne, et leur donna le Chasteau de Chaumont avec le consentement de Thibault et d'Estienne, comtes de Blois, qui en receurent l'hommage. Lisoys de son costé donna à Sulpice, son fils, avec l'agrément de Foulques, comte d'Anjou, la ville d'Amboise et la forteresse qu'il y avoit bastie. Ainsy par ce mariage les Maisons de Chaumont et d'Amboise se trouvèrent unies.

Geoffroy vescut jusques à l'aage de cent ans dans une parfaite santé. Il est vray que quelques temps auparavant il avoit perdu la veue, mais il conserva tousjours un bon jugement et une mémoire heureuse. Il eut cet avantage, avant que de mourir, de recouvrer toutes les terres et seigneuries que Geoffroy Martel, Comte d'Anjou, luy retenoit. Il fut enterré à Pont-Levoy.

Quand à Sulpice, son successeur en la seigneurie de Chaumont, il eut deux filles et un fils, nommé Hugues, qui fut seigneur de Chaumont et d'Amboise, et qui espousa Elisabeth de Jaligny, dont il eut plusieurs enfans. Sulpice, qui fut l'aisné, hérita de toutes les seigneuries de son père, qui les luy avoit remises avant que d'aller avec Foulques, comte d'Anjou, au voyage de la Terre-Sainte.

Sulpice II espousa Agnès, fille de Hervé de Donzy, seigneur de Saint-Aignan, dont nasquirent Hugues et Hervé. Sulpice ayant eu de grandes guerres avec ses frères et avec ses voisins, fut pris par Thibault le Grand, IVe du nom, Comte de Blois, et mené prisonnier à Chasteaudun, où il mourut vers l'an 1153. Ses fils, Hugues et Hervé, firent après sa mort leur accomodement et livrèrent le Chasteau de Chaumont à Thibault qui le fit demolir; mais il y a apparence que la Seigneurie leur demeura, car Hugues, IIe du nom, fut toujours Seigneur d'Amboise, de Chaumont et de Jaligny.

Hugues III luy succéda. Il avoit espousé Mahault, avec laquelle il vivoit en 1190. Ils eurent Sulpice, IIIe du nom, seigneur d'Amboise, de Chaumont et de Montrichard, qui espousa Elisabeth, Comtesse de Chartres. Ils n'eurent que deux enfans, Hugues, qui mourut jeune avant son père, et Mahault, qui fut dame d'Amboise et de Chartres du costé de sa mère. Elle eut deux maris, Richard de Beaumont et Jean, comte de Soissons. Elle mourut sans enfans l'an 1252.

Ce fut par sa mort que les Maisons de Berry et d'Amboise, qui estoient très-puissantes, furent unies; car les seigneuries d'Amboise, de Chaumont et de Montrichard retournèrent à Jean de Berrie son cousin germain, fils de Regnaud, seigneur de Berrie, et de Margueritte d'Amboise, sœur de Sulpice III.

Jean mourut en son Chasteau de Berrie, l'an 1274, et fut enterré aux Cordeliers de Loudun.

Jean, IIe du nom, son fils, luy succéda dans les mesmes seigneuries de Berrie, d'Amboise, de Chaumont, de Montrichard, de Bléré. Il eut de sa deuxième femme, Jeanne de Charault, Pierre et Hugues.

Hugues d'Amboise demeura seigneur de Chaumont. Il eut pour femme Jeanne de St-Vrain, et d'eux est venue la branche de Chaumont; car de leur fils, Jean d'Amboise, seigneur de Chaumont et de St-Vrain, et de Jeanne de Beaumont, vint Hugues d'Amboise, IIe du nom, seigneur de Chaumont, qui de sa seconde femme, Marguerite, dame de Mery, veuve en l'an 1378 d'Eudes de Culent et fille d'Amé de Joinville, eut Hugues III, seigneur de Chaumont, qui espousa Jeanne de Laon, dont vint Pierre d'Amboise, seigneur de Chaumont, de Meillan, Sagonne, St-Vrain et Bussy, chambellan des Roys Charles VII et de Louis XI. Il eut de sa femme, Anne de Bueil, neuf fils et sept filles. L'aisné des fils fut Charles et le cadet Georges d'Amboise, Cardinal, Légat et Ministre d'estat sous Louis XII.

Charles, qui fut seigneur de Chaumont et Gouverneur de l'Isle de France, espousa Catherine de Chauvigny dont il eut trois fils, Charles, Louis et Guy, et deux filles. Charles d'Amboise II fut seigneur de Chaumont après la mort du Roy Louis XI. La Dame de Beaujeu, suivant la disposition du Roy son père, prist le gouvernement du jeune Rcy son frère, et obligea le Duc d'Orléans et les principaux Seigneurs de son party de se retirer en Bretagne. Georges d'Amboise, qui estoit alors Evesque de Montauban, et son frère de Bussy se trouvèrent engagés dans les interests du Duc d'Orléans et, comme ils estoient de ceux qui avoient voulu enlever le Roy et le mener en Bretagne, ils furent arrestez. L'Evesque de Montauban, après deux ans de prison, fut eslargi et, affin d'avoir plus d'appuy à la Cour, chercha de s'allier avec l'Admiral de Graville, que le Roy considéroit. Il luy fit proposer le mariage de Charles de Chaumont, son frère, avec Jeanne de Graville, sa fille. Ayant réussy dans sa recherche, cette alliance et le crédit, où se trouva Georges d'Amboise auprès de Louis XII après la mort de Charles VIII, esleva Charles, son frère, dans les plus grands employs; car il fut Grand-Maistre de la Maison du Roy, Mareschal de France et Lieutenant Genéral en Italie, où il mourut l'an [1511]. Il laissa un fils, nommé Georges, qui fut tué à la bataille de Pavie, l'an 1525, et ne laissa point d'enfans.

Ainsy la seigneurie de Chaumont tomba dans la Maison de La Rochefoucault, car Anthoinette d'Amboise, fille de Guy et niepce de Charles, ayant espousé, en deuxiesmes nopces, Antoine de La Rochefoucault, Sr de Barbesieux, qui mourut vers l'an 1537, elle en eut Antoine qui, ayant eu Chaumont en partage, fist la branche des seigneurs de Chaumont et de Langeac.

Antoine fut Chambellan du Roy et eut pour femme

Cecile de Montmirail, dont vint Jacques de la Roche-foucault, seigneur de Chaumont, qui espousa Françoise de Langeac. En 1550, le 6ᵉ novembre, Charles de la Rochefoucault, seigneur de Barbesieux, fist hommage au Roy pour la seigneurie de Chaumont, Laborde et les Rochettes, et promist d'en passer aveu dans un an.

Apres luy, il ne paroist plus d'autres seigneurs de Chaumont. Il peut estre qu'Antoinette d'Amboise estant demeurée après la mort de son deuxième mary chargée de beaucoup d'enfans et de debtes, les enfans de ce second lit furent obligez de vendre la terre de Chaumont; car, environ l'an 1559, la Reyne Catherine de Médicis l'achepta pour la bailler à Diane de Poitiers, Duchesse de Valentinois, en eschange de Chenonceaux.

Il y a apparence que la Reyne Catherine y a fait quelque séjour avant ou après la mort de Diane de Poitiers qui arriva en 1566, par ce qu'il y a encore des meubles qui luy ont appartenu. Cependant en 1571, le 28ᵉ Juin, les officiers du Domaine du Roy accordèrent un délay de six mois à la Dame de Bouillon, qui estoit fille de la Duchesse de Valentinois, pour donner son aveu de la Seigneurie de Chaumont.

En 1600, la Terre de Chaumont ayant esté vendue à Nicolas Largentier, Sʳ de Vaussemin, Fermier général des Gabelles de France et un des plus riches hommes de ce temps-là, Scipion de Sardigny, gentilhomme Luquois, qui avoit suivi en France la Reyne Catherine, la retira par droit lignagier à cause de sa femme, qui estoit de la maison de la Tour, de la branche de Limeil; et depuis elle est demeurée dans la famille de Sardigny, où elle est encore aujourd'huy.

DESCRIPTION DU

CHASTEAU DE CHAUMONT.

Le Chasteau de Chaumont est scitué sur le haut d'une montagne au dessus de la ville, qui n'est considérable que par ce qu'elle est au bord de la Loire et dans un beau païs.

De la ville on peut aller à pied au Chasteau par une montée assez roide, qui rend à une porte qui regarde la rivière, mais la principale entrée est au midy, du costé d'une grande plaine meslée de bois et de terres labourables.

La place du Chasteau est fort irrégulière, de mesme que les bastimens qui environnent la cour et qui ont esté faits en différens temps de la manière qu'on batissoit alors. Ceux qui regardent la rivière sont les plus anciens. Aux deux costez de la principale porte il y a deux grosses Tours qui sont égallement distantes de deux autres, qui séparent les vieux bastimens des plus modernes; car, en entrant dans la Cour, il y a deux corps de logis à droite et à gauche, qui ont esté bastis par Charles de Chaumont, Grand Maistre et

Mareschal de France. Le long du premier estage de celuy qui est à main droite est une espéce de Terrasse de pierre de taille, qui a cinq à six pieds de large. Elle est portée par deux rangs de grandes coquilles les unes au dessus des autres, et ces coquilles sont soutenues par des consoles, ornées de masques et des armes de la Maison et des alliances d'Amboise. Pour le bastiment qui est à main gauche, il n'est pas achevé. On y voit un très-bel Escalier, qui est demeuré imparfait et dont les marches ont huict pieds et demy de long. Il est à noyau et de pierre de Lie, parfaitement bien travaillé.

Il y a plusieurs appartemens dans tous ces bastimens. Dans les plus anciens est une grande salle fort spacieuse qui a veüe du costé de l'eau. La tradition veut que la Reyne Catherine ait demeuré dans le Chasteau de Chaumont, et que c'estoit dans cette mesme salle qu'elle tenoit ses assemblées, quand elle conferoit avec les astrologues et les devineurs ausquels elle avoit beaucoup de foy. Il y a, comme j'ay dit, encore quelques meubles qui luy ont appartenu, entre autres deux cabinetz, un coffre, un bois de lict et une table, le tout fait à la manière de ce temps-là de bois de raport et d'ouvrages de sculpture, et très bien taillez et dorez en quelques endroits. Il y a aussy des Tableaux d'après Raphaël assez bien copiez, et plusieurs portraits de la Maison de Médicis.

Tous les édifices sont solidement bastis de pierre dure et de pierre de Bouré, et par dehors ils sont environnez de ces sortes de Galleries couvertes et avec des créneaux et des ouvertures en dessoubs, qu'on appelle *Machicoulis*, pour la deffence de la place. Les Tours et les bastimens, qui ont esté faits par Charles de Chaumont, ont une ceinture de pierre à la hauteur du premier estage, sur laquelle pour ornemens sont representez quantité de petites montagnes d'où sortent des flames, qui est une espèce de devise qui fait allusion au nom de Chaumont, ce qui se voit encore en plusieurs autres endroits de ce Chasteau. Il paroist bien qu'il a esté basty plustost pour servir de place forte, à cause de sa scituation avantageuse, que pour une maison de plaisir, n'estant accompagné ny de jardins, ny de parcs. Il est vray qu'il a une vue admirable, car il découvre une grande estendue de pays, principalement du costé de la rivière, qu'il découvre quasi depuis Amboise jusques à Blois, et l'on pourroit, du costé de la campagne vers le midy, faire des avenues et des jardinages si grands qu'on voudroit. Il y a mesme, à 50 pas de la porte, une espece de vivier très-considérable par ce qu'encore qu'il soit sur une très-grande hauteur ; néantmoins il est toujours rempli d'une eau vive et très-claire, et, quelques chaleurs et sécheresses qu'il ait fait pendant l'esté dernier, il estoit rempli d'eau à la fin du mois de septembre comme il auroit peu estre au Printemps, ce qui fait juger qu'il y a des sources en cet endroit, dont l'on pourroit tirer de très-grandes commoditez, et mesme des jetz d'eau dans des jardins plus bas le long de la coste.

MONTRICHARD.

Au dessus de Chenonceaux, en remontant la rivière
du Cher, est la ville de Montrichard, bastie sur une
coline qui regarde le midy, et au pied de laquelle passe
la rivière. Ce fut Foulques Nerra, comte d'Anjou, qui
la fit bastir soubs le regne du Roy Robert. Foulques
estoit petit fils de Geoffroy Grisegonelle, et fils de
Maurice, qui avoit espousé la niepce de Raymont,
comte de Poitiers. Maurice, estant malade à l'extremité,
fist appeller Foulques, son fils, qui estoit desjà grand
et en reputation de vaillant chevalier pour luy donner
ses derniers avis. Il luy remonstra que les familles,
quelques puissantes qu'elles soient, ne se rendent con-
siderables et ne maintiennent leur grandeur que par le
grand nombre d'amis qu'elles ont. Il l'exorta de conserver et d'aymer particulièrement ceux qui luy avoient
toujours esté fidelles, et au reste d'estre sévère à punir
les meschans.

Maurice estant mort, son fils Foulques eut plusieurs
guerres sur les bras, entre autres avec Eudes, comte de
Champagne et de Blois, et avec Geldouin de Saumur.
Foulques, après avoir ruiné deux villages situez près la

rivière du Cher, et dont Geldouin estoit seigneur, fist
bastir sur la Montagne, qui estoit du domaine de
Geldouin, une ville qui fut appellée Montrichard, et
de laquelle il donna le gouvernement à Roger le Diable,
seigneur de Montresor. Cette entreprise obligea Eudes
à lever des troupes dans le Blésois pour se joindre à
Geldouin afin de destruire Montrichard. Mais Foulques,
assisté de Herbert, comte du Mans, deffit ceux qui le
vinrent attaquer. Après quoy luy et ses enfans possé-
dèrent durant plusieurs années la ville de Montrichard
jusques à ce que Foulques, comte d'Anjou et du Mans,
à cause de sa première femme, et qui fut Roy de
Hiérusalem, après avoir en secondes nopces espousé
la fille de Baudouin II, Roy de Hiérusalem, confirma
à Hugues de Chaumont, qui avoit espousé Elisabeth
de Jaligny, sœur de Geoffroy Martel II, qui estoit
aussy frère de Foulques du costé paternel, la donation
que Geoffroy Martel luy avoit faite de la ville d'Amboise et luy rendit celle de Montrichard, dont ses
ancestres s'estoient mis en possession. Ainsy les seigneurs
de la Maison d'Amboise jouirent de Montrichard et de
Chaumont, jusques à Jean II, sieur de Berrie, d'Amboise, de Chaumont, de Montrichard et de Bleré, lequel,
ayant eu de sa seconde femme, Jeanne de Charault,
Pierre et Hugues, les seigneuries d'Amboise, de Montrichard, de Bléré et de Berrie appartinrent à Pierre,
qui eut pour femme Jeanne, dame de Chevreuse, et
Chaumont demeura à Hugues. Mais dans la suitte
Montrichard ayant esté uny au Domaine par confiscation
ou autrement, il demeura au Roy jusqu'à ce qu'il fut
donné par engagement au Chancelier de Chiverny, qui
estoit desja seigneur de Chissé, qui est un autre
chasteau situé sur la mesme rivière du Cher, entre

Montrichard et Chenonceaux, mais auquel la Baronnie de Montrichard estoit fort convenable par ce qu'il possédoit la Tour d'Argy, qui tient au Chasteau de Montrichard dont elle relève, et de laquelle une grande partie des vassaux et des mouvances sont dans la ville et les fauxbourgs de Montrichard.

Ces seigneuries, après la mort du Chancelier de Chiverny, escheurent au Comte de Limours, un de ses fils, qui les vendit à la Marquise de Sourdis, sa sœur, ayeule du Marquis d'Effiat, qui les possède aujourd'huy.

Le Chasteau de Montrichard fut joint à la Tour d'Argy par des murailles qui les enferment; présentement il n'y a de cette Tour que des ruines et quelques restes de bastimens en mauvais estat, de mesme que le Chasteau de Montrichard, qui estoit assez grand et assez bien fortifié. Il y a une Chapelle, où il faut beaucoup monter pour y aller de la ville. Il paroist que la Tour du Donjon est plus ancienne que le reste des autres édifices. Elle est bastie de petits cartiers de pierre dure; le reste est de pierre de Belleroche et de Bouré, assez bien conservé en plusieurs endroits.

CHIVERNY.

Depuis que les Rois Louis XII et François Ier eurent
fait bastir à Blois et Chamborg, et qu'ils eurent commencé d'y faire leur séjour, plusieurs grands seigneurs,
et particulièrement les Ministres qui estoient les plus
attachez à leurs personnes, firent aussy ou augmenter
les Maisons qu'ils possédoient dans ce païs là, ou y
eslever de nouveaux chasteaux.

On peut mettre celuy de Chiverny entre les plus
considérables. Il est scitué à trois lieües de Blois dans
la Sologne. Raoul Hurault, Général des Finances, le
fist bastir, et Philippes Hurault, son fils, qui en fist
hommage au Roy le vingt decembre 1565, en augmenta
beaucoup les logemens et la Seigneurie. Avant que
d'estre Chancelier de France il avoit esté Chancelier du
Duc d'Anjou, qui fut depuis Roy de Pologne. Il fut
aussy Chancelier des deux Ordres du Roy, Gouverneur
d'Orléans, pays Chartrain, Loudunois et Blésois. En
1577, le Roy Henri III erigea en sa faveur la Seigneurie de Chiverny en Vicomté. Au mois d'octobre
1578, il fut pourveu en titre d'office de la charge de
Garde des sceaux, après que le Cardinal de Birague,
Chancelier, s'en fut démis à cause de son extrême
vieillesse; et, lorsque ce Cardinal mourut, ce qui arriva
au mois de Novembre 1583, il fut eslevé à la dignité
de Chancelier, qu'il exerça jusques en 1599. Depuis sa
mort, Henry Hurault, son fils, héritier de ses principales terres et de ses gouvernemens, fist démolir une

partie des anciens bastimens du Chasteau de Chiverny, n'en ayant réservé que ce que l'on voit dans la Cour, à main gauche en entrant, et les deux Tours qui sont aux costez de la porte.

Ce fut environ l'an 1634 qu'il commença à faire bastir le grand corps de logis qui fait face sur la cour et sur le parterre. Un nommé Boyer, de Blois, en fut l'architecte. Ce nouveau bastiment a 36 thoises de long ou environ. Dans toute ceste estendue et au dessoubs du rez de chaussée sont les Offices, voutées de belle pierre blanche; leur exaucement et leur distribution est très commode, tirant leurs jours du costé de la cour et du parterre. Les murs sont de pierre dure jusques au dessus du rez de chaussée et le reste de pierres de Bourré, taillées en bossage par les joints. La longueur de tout l'édifice est séparée en cinq pavillons, un dans le milieu et deux de chaque costé. Celuy du milieu et ceux des deux extremitez sont plus eslevez d'un estage que les autres, qui n'en ont que deux. La couverture des pavillons des deux bouts est faite en impériale, avec de petits dômes au dessus. Dans l'estendue de toute la face, il y a, entre les fenestres du premier estage, des niches ovales enrichies d'ornemens, dans lesquelles sont des bustes antiques, et sur le haut de l'entablement du pavillon du milieu, il y a aussy une niche remplie d'un buste, et au dessus trois figures assises qui servent d'amortissement. Les frontons des fenestres sont aussy fort ornez.

Les appartemens du rez de chaussée et du premier estage sont regulièrement et commodément distribuez par sales, chambres, cabinetz et garderobbes. Les cheminées et les dessus des portes sont remplis de tableaux la pluspart de la main de Jean Monier, de

Blois, qui a aussy peint dans les panneaux du lambris d'une salle l'Histoire d'Astrée; dans ceux d'une des principales chambres l'Histoire de Dom Quichote, et dans d'autres lieux différens sujets, le tout d'une manière fort agréable.

Ce Chasteau est accompagné d'un grand parterre, qui est en face du nouveau bastiment. Dix-sept figures de pierre de Lie ornent et enrichissent beaucoup le milieu et les coins des allées et des compartimens. Elles sont posées sur des piedestaux et ont de hauteur cinq à six pieds, toutes fort belles et de la main de Gilles Guérin, de Paris.

A main gauche est un bois, partagé par plusieurs allées, avec des fontaines et un grand rond d'eau, au bout duquel est un long canal.

A un des coins du bois, et assez proche du Chasteau, il y a un ancien cabinet, ou espèce de loge ouverte des deux costez et le reste seulement fermé d'ais, mais dont le dedans est considérable par des peintures du fameux Nicolas Poussin, qui estoit fort jeune lorsqu'il les fist. Quoy qu'elles soient assez gastées, on ne laisse pas d'y connoistre l'esprit de cet excellent peintre.

Le Comte de Chiverny n'ayant laissé que deux filles dans le monde, Anne et Isabelle Hurault, la première fut mariée en premières nopces au Comte de Briançon, de la Maison du Lude, et en secondes à Charles, marquis d'Aumont, Lieutenant Général pour le Roy en l'armée d'Allemagne, où il fut tué en 1644 au siège de Landau, sans laisser d'enfans; et la deuxiesme au marquis de Monglas, Grand Maître de la Garderobbe, dont le fils, qui a espousé la fille du Marquis de Sommery, possède presentement le Comté de Chiverny et en porte le nom.

MENARS.

Le Chasteau de Menars n'est pas ancien; ceux qui
ont possédé cette seigneurie avoient d'autres maisons
où ils faisoient leur séjour. En 1506, Jean de Taillemant,
à cause de Damoiselle Perrette de Taillard, sa
femme, fist hommage du lieu, terre, Justice et Seigneurie de Menars au Comté de Blois. Ensuitte cette
Seigneurie passa à Mre Jean du Thier, Secrétaire
d'Estat et Seigneur de Beauregard, qui en fist aussy
hommage le 14 janvier 1547, et, en novembre 1560,
la veuve du sieur du Thier rendit ses foy et hommages,
tant pour la terre de Beauregard et de Menars que pour
d'autres seigneuries relevantes de Blois. Il y a environ
trente-cinq ans que Mre Guillaume Charon, Trésorier
de l'Extraordinaire des guerres, ayant acquis la terre
et seigneurie de Menars, fist bastir le chasteau, qui
consistoit seulement en un corps de logis et deux
pavillons. Mais, depuis que Mre Jacques Charon, son
nepveu, en a esté Seigneur, il l'a beaucoup augmenté
et, se servant de son heureuse scituation, en a fait une
des belles maisons qui soient dans la province. Il y
a adjousté deux corps de logis et une orangerie. Il a

embelly tous les dedans de la maison, qui estoient desjà ornez de plusieurs peintures, dont une partie est de Jean Monier; il y a fait deux longues avenües, de quatre rangs d'ormes, qui sont d'autant plus agréables qu'en s'y promenant on decouvre, au delà de la rivière qui est au bas, une veüe de paysage dont l'estendue et la différente quantité d'objets fait un aspect admirable. Le Chasteau, qui est sur la coste, eslevé au dessus de deux différentes terrasses qui vont jusques sur le bord de la rivière, jouist de la mesme veüe, et l'on peut dire qu'en quelque temps qu'il fasse l'on peut des fenestres du Chasteau promener son esprit et ses yeux sur l'eau et dans la campagne dans une grande estendue de pays, où il y a toujours sujet de se divertir. Cette Maison, qui fait un des beaux ornemens de la rivière de Loire, avoit desjà esté erigée en Vicomté par le feu Roy Louis XIII; mais le Roy, depuis peu d'années, en a fait un marquisat en faveur de Mre Jacques Charon, Conseiller en ses Conseils, Maitre des Requestes, et aujourd'huy Intendant de Justice dans la Généralité de Paris. Sa Majesté a mesme deschargé cette Seigneurie de la mouvance du Chasteau de Blois pour ne relever doresnavant que de la Tour du Louvre et, quand à la Justice, resortir directement au Parlement de Paris. Vis à vis de Menars, et de l'autre costé de l'eau, est Nozieux, qui est un chasteau fort bien basti et appartenant aussy à Monsieur de Menars.

DES CARRIERES

Qui sont aux environs de Blois, et de la qualité des pierres qu'on a employées dans les Bastimens dont il est cy devant parlé.

La quantité de carrières, qui se trouvent aux environs de la Ville de Blois, et la commodité qu'on a d'en transporter les pierres, et mesme d'en faire venir d'autres lieux assez esloignez, a beaucoup contribué et donné de la facilité à bastir les Chasteaux et les Maisons que l'on voit le long de la rivière de Loire.

Pierres dures de Blois, St Victor, Menars et autres lieux. — On tire de la pierre dure tout proche la ville de Blois, du costé de la Beausse et le long de la rivière en allant à Orléans. A St Victor et à Menars, qui n'est qu'à deux lieues de Blois, il y a des carrières qui en fournissent de très-dure, fort blanche et d'une grandeur raisonnable.

De l'autre costé de la rivière, vers la Sologne, on trouve encore de la pierre fort aisée à tirer, comme à

St Gervais, à Vineuil, qui sont au bout des ponts de Blois, et en plusieurs autres endroits.

Ce qui reste des plus anciens bastimens de Blois sont de ces sortes de pierres, comme on peut voir en quelques endroits du Chasteau, de l'Abbaye de St Laumer, et d'autres édifices.

L'Eglise de St Victor, qui est entre Blois et Menars, a esté bastie la première fois des pierres prises sur le lieu. Elle est fort ancienne, car on tient qu'elle a esté fondée du temps de Charlemagne, ce qu'on prétend appuyer par la figure de cet Empereur representé à cheval dans un bas relief qui est dans la muraille proche la porte. C'est un ouvrage fort grossier, qui a bien apparence d'estre fait de ces temps là. Cette Eglise fut rebastie par le Roy François Ier, dont les chiffres se voyent encore en plusieurs endroits, et depuis elle a esté presque toute ruinée durant les guerres des Huguenots.

Ce qu'il y a aussy de plus ancien aux Eglises de St Gervais et de Vineuil est de la pierre prise sur le lieu, ce qui fait voir qu'alors on n'en faisoit pas venir de plus loin. Aussy toutes ces pierres sont elles fort bonnes et fort dures, et ne sont pas sujettes à se déliter. Comme elles sont difficilles à tailler à cause de leur extrême dureté, on ne s'en sert aujourd'huy quasi que dans les fondemens et à de gros ouvrages.

Pierres d'Apremont et de la Charité. — Mais dans les premieres assises des bastimens d'importance l'on employe de la pierre d'Apremont et de la Charité. Outre que ces pierres, quoique fort dures, sont moins difficiles à tailler que celles dont on vient de parler, on peut en avoir de plus grands quartiers; elles ont un appareil qui porte jusques à 4 et 5 pieds de hauteur, et elles ont le grain plus fin et plus serré.

Celles de la Charité ont moins de dureté que celles d'Apremont, mais elles sont plus blanches, car celles d'Apremont sont d'un gris jaunastre. Ce n'est pas que les ouvriers ne les confondent quelques fois l'une avec l'autre, et quelques uns prennent la pierre de la Charité pour celle d'Apremont, et celle cy pour l'autre.

Il y a aussy différens lits de pierre d'Apremont, les uns moins jaunes et plus blancs que les autres, mais pourtant tous égaux en dureté. Outre qu'il se rencontre des cailloux dans les pierres d'Apremont, c'est qu'elles sont tendres à la gelée et ne sont pas bonnes au dehors pour porter les eaux, car, si elles reçoivent l'eau et que la gelée donne dessus, elles cassent ou s'enlèvent par feuilletz, quand mesme il y auroit plusieurs années qu'elles seroient en œuvre. C'est pourquoy, après qu'elles ont esté tirées des carrières, il faut les laisser sécher au moins un an avant que de les employer. Il y en a beaucoup dans les bastimens que François Ier et feu Monsieur le Duc d'Orléans ont fait faire au Chasteau de Blois. Il y en a aussy a Chamborg dans les appuis du grand escalier et en plusieurs autres endroits. On s'en sert presentement à St Solemne de Blois.

Pierres de Bourré et de Vineuil. — Les pierres, qu'on employe le plus ordinairement à Blois et aux environs et dont sont presque entièrement bastis les Chasteaux et les Maisons dont il a esté parlé, se tirent proche de Montrichard dans les carrières de Bourré, et dans celle qu'on appelle de Vineuil, le long de la coste qui borde la rivière du Cher, en remontant en hault. Ces pierres sont toutes d'une mesme nature, néantmoins différentes en bonté selon les bancs et les differens endroicts dont on les prend. Celles qu'on appelle des valées sont les meilleures.

Le lieu où l'on en tire le plus est à Bourré; il y a une carrière fort profonde derrière le Chasteau, dont jouist un nommé d'Auberon, qui en a fourny à Chambord et à St Solemne de Blois.

On abat ces pierres dans les carrières par grands quartiers de cinq à six pieds de hault, et de ces quartiers on en fait des blocs de différentes grandeurs et de différens prix.

Le cent des menus blocs ou quartiers, qui sont de deux pieds de long sur dix à unze pouces en quarré, se vendent sur le port 13 ℔ le cent;

Ceux qu'ils appellent *le tierce*, qui ont deux pieds de long, 13 pouces de large et 10 pouces de hault, 26 ℔ le cent;

Le demy bloc, de 2 pieds de long sur 17 pouces de large et un pied de hault, 26 ℔ le cent;

Les blocs, qui ont trois pieds de long sur 17 pouces de large et un pied de hault, 52 ℔ le cent;

Le parpin broché, de 3 pieds de long et un pied en quarré, 26 ℔ le cent.

Ce qu'on appelle *la Doüelle* a 2 pieds de long, 7 pouces de hault et 9 à 10 pouces de large, et vault le cent 10 ℔ 8 ˢ.

Comme ces pierres se tirent fort proche de la rivière et qu'elles sont faciles à y mener sans charroy, on en charge d'avantage que de tous les autres endroits de la coste pour voiturer à Blois et ailleurs.

Ces sortes de pierres, estant fort tendres, sont faciles

à travailler, et leur blancheur les rend agréables en œuvre. Il est vray qu'elles ne sont pas si propres pour les ouvrages de sculpture et pour estre taillées avec delicatesse, parce qu'elles s'eclattent à cause de leur peu de fermeté et qu'il se trouve des cailloux dedans, comme dans les pierres de Vernon et dans celles qui se tirent au dessoubs de Rouen le long de la rivière de Seine. Cependant elles sont bonnes à l'air et se conservent bien, pourveu qu'on ne les employe pas toutes vertes et fraichement tirées de la carrière, car naturellement elles aspirent beaucoup d'eau. Aussy se sèchent elles bien tost; car, ayant voulu connoistre ce qu'elles peuvent recevoir d'eau plus que celles d'Apremont et de la Charité, je pris trois morceaux de chaque sorte, pesants chacun six onces, que je mis dans l'eau pendant 40 heures, après quoy je les remis dans la balance. Je trouvé que la pierre de Bourré pesoit 6 onces et 10 gros de plus, celle d'Apremont 6 onces et 6 gros, et celle de la Charité 6 onces 5 gros, ce qui fist connoistre la différence des unes aux autres en ce qui regarde la disposition qu'elles ont à se remplir d'eau. Ensuitte je les exposé toutes trois à l'air en un mesme endroit pendant 24 heures; puis, les ayant pesées, je trouvay qu'elles estoient retournées toutes les trois à leur premier poids de 6 onces.

Les pierres qui se tirent en un endroit qu'on appelle « Soubs le Jar », entre Bourré et Montrichard, sont d'un moindre prix que les précédentes, valant un escu moins par cent que celles de Bourré. Aussy ne sont-elles pas si belles, ny si bonnes; elles sont plus grises et plus tendres. On s'en sert pour les levées et les quais. On en tire aussy de plusieurs grandeurs.

Les Carrières de Vineuil sont à demy lieue au dessus

de celles de Bourré, le long de la mesme coste et
de la rivière du Cher. Les pierres en sont plus belles
et plus dures que celles de Bourré et n'ont pas de
cailloux, ce qui fait qu'elles se taillent bien et conservent
leurs joints et leurs arestes. Il y en a mesme qui sont
d'une si bonne nature qu'on en fait passer quelques
fois pour estre de Lie, comme on fait à Paris le Saint-
Leu pour le Trossy; cependant le grain de la pierre de
Lie est beaucoup plus fin.

Pierre de Belleroche. — Pour la pierre de Belleroche, elle se tire proche la ville de Saint-Aignan, à un
quart de lieue de la rivière du Cher. Il y en a de deux
sortes, l'une dure et l'autre tendre. La dure approche
de la qualité de celle d'Apremont, et il se trouve des
cailloux dans l'une comme dans l'autre. On peut tirer
des quartiers de pierre de Belleroche aussy grands que
d'Apremont ; toutes fois celle cy est meilleure que celle
de Belleroche.

La Belleroche tendre tient un peu de la qualité de la
pierre de Saint-Leu; elle est pourtant un peu plus
blanche que le Saint-Leu. Il ne faut pas employer ces
pierres qu'elles ne soient bien sèches et n'ayent beu
toute leur eau. Ce sont ces pierres qu'on appelle aussy
de Saint-Aignan, et qui ne sont pas si bonnes que celles
de Vineuil et de Bourré.

Pierre de Lie. — A deux lieues de Saint-Aignan et
de la rivière du Cher est le village de Lie, où sont les
carrières dont les pierres qu'on en tire portent le nom
du village. Elles sont blanches comme la pierre de
Tonnerre et plus tendres que le Saint-Leu. Elles ont le
grain beaucoup plus fin et serré que les pierres de

Vineuil et de Bourré, et leur blancheur est d'un blanc
de laict. Elles sont bonnes à l'air et se deffendent de la
gelée. On en peut tirer de cinq à six pieds d'apareil. Il
faut les mettre sur leur lict, qui se connoist assez quand
elles sont en œuvre par de petites veines jaunes qui
suivent le lict. On a employé beaucoup de ces pierres
dans les Chasteaux de Blois, de Chamborg et autres.
Elle est fort belle et commode pour les ouvrages de
sculpture par ce qu'encore qu'elle ne soit pas fort dure,
elle a néantmoins une certaine fermeté qui fait qu'elle
se taille et se couppe nettement, sans s'éclater. Tous
les chapiteaux des pilastres et des colonnes et les
balustres du grand escalier de Chamborg sont faits de
cette pierre.

Dans les mesmes carrières d'où l'on tire cette pierre,
il y a un lict qui est au dessus, dont la pierre est plus
dure; on l'appelle Belleroche parce qu'elle est de la
mesme qualité que celle de Belleroche, dont on vient de
parler, et ressemble assez à celle d'Apremont, hormis
qu'elle est meilleure en ce qu'elle ne craint pas la gelée.
On l'employe dans les endroits des bastimens qui
doivent estre les plus solides.

La pierre de Lie est plus chère que ces autres à cause
que les carrières estant esloignées de trois lieues de la
rivière, il faut la mener jusques là par charrois, et par
d'assez mauvais chemins. Le cent de pied se vend 60 ᵗ,
pris sur le lieu, et 80 ᵗ, rendu à Blois.

Pierre de Marnay. — La pierre de Marnay se tire
d'un village proche la rivière d'Indre, à deux lieues de
Chinon, au dessoubs de Tours. Comme elle ne porte
pas plus de 10 a 11 pouces d'apareil, elle n'est propre
qu'à faire des marches et des dalles. Aussy c'est à cet

usage qu'on s'en est servy à l'escalier et aux terrasses de Chamborg. On en fait de si grandes qu'on veut. Elle a le grain menu; sa blancheur tire sur un jaune grisastre comme l'Apremont, mais la qualité en est meilleure. Il y en a de deux sortes, l'une qui est d'une nature plus grasse et l'autre plus maigre. La grasse est la plus propre à faire des marches. Elle coute dix sols le pied, prise sur le port. On la charge sur la rivière d'Indre, où elle descend jusques à Candé, et de là on la monte ou on la descend sur la rivière de Loire.

OBSERVATIONS

SUR LES DIFFÉRENTES QUALITEZ DES PIERRES.

La différente qualité des pierres vient des lieux d'où elles sont tirées, car elles sont ou plus dures ou plus tendres selon la nature de la terre dont elles sont formées, et selon les climats et les expositions où les Carrières se trouvent.

Comme il y a des veines de terre, proches les unes des autres, de différentes natures, il ne se trouve quasi point d'endroits où les carrières, quoy que voisines, soient tout à fait d'une égale bonté. Celle de Saint-Leu et celle de Trossy, bien que dans un mesme climat, et le long de la mesme rivière d'Oise, sont néantmoins fort différentes. Il est vray qu'elles sont dans deux expositions opposées. Les carrières de Saint-Leu regardent le levant et le midy, et celles de Trossy le nord et le couchant. Outre cela la nature des terres n'est pas semblable; celles de Saint-Leu sont de bonnes terres franches; celles de Trossy, au contraire, sont sèches, sablonneuses et qui ne portent que du bled sarrazin.

On voit aussy que dans une mesme carrière il y a des

bancs plus durs les uns que les autres. Or ces différentes qualitez de dureté ou de tendresse qui se trouvent dans toutes les pierres ne vient que de la différence des sels qui s'y rencontrent. Celles où il y a un sel nitreux sont plus tendres, et celles où il y a plus d'acide sont plus dures. Des carrières qui sont soubs des terres sèches, sablonneuses ou graveleuses, on en tire ordinairement des pierres où il y a plus d'acide que de nitre. Et, au contraire, celles qui se trouvent dans les terres grasses et argilleuses ont plus de nitre que d'acide. Les eaux dont les terres sont abreuvées font la qualité des pierres. Les eaux froides, qui passent au travers des sables et sur les hautes montagnes, ayant beaucoup d'acide, font que les pierres, qui se forment dans les carrières, sont bien plus dures et particulièrement aux endroits où ces eaux s'arrestent.

Dans les carrières de Trossy, comme le haut de la coste est, ainsy que je viens de dire, une terre sablonneuse et qu'au dessoubs il y en a une plus glaise, celle cy arreste l'eau, et fait que la pierre qui se forme au dessus devient plus dure. Et parce que c'est un sable assez grossier, c'est ce qui fait le banc qu'on appelle vertgelé. De mesme soubs les bancs du franc Trossy, la pierre qui se trouve au niveau de la rivière et qui trempe dans l'eau est d'une extrème dureté.

Ainsy, dans les carrières du fauxbourg Saint-Jaques de Paris, la pierre de liais se trouve soubs tous les autres bancs dans l'endroit ou l'eau la congèle. Dans les autres carrières on peut faire les mesmes observations; car c'est l'acidité qui se trouve dans l'eau qui endurcit ainsy les pierres, lesquelles, selon la qualité de la terre dont elles sont formées, ont un grain plus gros ou plus fin comme sont les pierres de liais, celle de Lie et plusieurs autres, et, selon qu'elles s'empreignent plus ou moins de ce sel nitreux ou aceteux qui les congèle, elles sont plus ou moins tendres ou dures.

Or c'est le meslange de l'un et de l'autre de ces sels qui fait la bonté et la durée des pierres lorsqu'elles sont en œuvre. Car celles où il y a plus de nitre, estant plus tendres, se gastent plus tost à l'eau parce qu'elles s'empreignent aisément de l'humidité qui les détrempe, ce qui fait qu'elles paroissent comme mangées et qu'elles s'en vont bientost par feuillets, lorsqu'elles ne sont pas mises sur leur lit. Celles, au contraire, où il y a plus d'acide sont plus dures et résistent davantage à l'air et à l'eau, mais elles sont sujettes à casser, si elles sont trop chargées ou qu'elles portent à faux, lors principalement qu'elles sont d'un grain très-fin et qu'elles n'ont pas un haut appareil. Ainsy, selon que les pierres sont meslées de ces différens sels, elles sont plus ou moins bonnes et propres à résister aux injures de l'air.

Les pierres blanches, tendres et seiches, comme celles de Lie, ont ordinairement peu de sel, et c'est ce qui fait qu'elles se conservent assez bien sans que l'air les endommage.

Celles qui tiennent d'avantage de la marne s'en vont aisément en poudre parce qu'elles ont trop de nitre.

Les terres argileuses, selon qu'elles ont ou du nitre ou de l'acide, deviennent ou tendres ou plus dures, comme les marbres, qui acquièrent leurs différentes qualitez, soit en dureté, soit en couleur, par les qualitez acides ou nitreuses des eaux qui les pénètrent et des vapeurs sulphurées qui s'eslèvent des entrailles de la terre.

Les pierres dures qui se vitrifient sont de nature nitreuse ou acide; car le nitre est le fondant qui lie toutes les parties ensemble. Le cailloux, qui a trop d'acide, ne se peut vitrifier si on ne met un fondant parmy.

Les pierres les plus dures sont les meilleures à faire de la chaux. Le feu leur fait perdre leur acide et ne conserve que le nitre. C'est pourquoy il faut mesler du sable avec la chaux pour en faire un corps, parce que le sable, particulièrement celuy qui est sec et graveleux comme le sable de rivière, a beaucoup d'acide qui se joint et s'incorpore fortement avec le nitre de la chaux. Ce qui fait aussy que la chaux devient meilleure si elle est vieille esteinte, c'est qu'avec le temps elle s'empreint d'un acide que l'air luy communique.

Comme la chaux faite de marne a beaucoup de nitre, il faut la mesler avec beaucoup de sable.

Il est certain que, quand la chaux est faite des mesmes sortes de pierres que l'on employe, le mortier fait une meilleure liaison et la maçonnerie en vaut beaucoup mieux.

Mais ce qui contribue considérablement à la bonté du mortier, c'est quand la chaux et le sable sont bien paistris ensemble à force de bras avec peu ou point d'eau.

Affin aussy que les pierres qu'on employe dans les ouvrages se conservent longtemps, il faut choisir dans les carrières celles des meilleurs bancs, en oster tout le bouzin, et ne prendre mesme, si l'on veut, que le cœur de la pierre. Cela se pratiquoit à Paris dans les anciens bastimens que l'on voit encore, lesquels sont de pierre dure, et dont les quartiers ont peu de longueur et de haulteur. Outre qu'il faut avoir soin de mettre la pierre sur son lit parce qu'autrement elle se délitte et s'en va par feuillets lorsqu'elle est à l'air, particulierement celles qui ne sont pas d'une qualité extremement dure, il ne faut pas encore employer les pierres toutes vertes et sortant de la carrière; on doit auparavant les laisser sécher et souffrir la gelée. C'est par ce deffaut de prévoyance ou de négligence que souvent, dans les grands édifices, il arrive beaucoup d'accidents.

On doit aussy prendre garde à n'employer pas, dans les dehors des bastimens, des pierres qui ne soient pas d'une qualité à pouvoir résister aux injures de l'air et souffrir les eaux et la gelée comme nous avons remarqué de celles d'Apremont.

Il est certain qu'il n'y a guères de pierres qui à la longueur du temps ne se gastent à l'air, particulierement du costé où donne le vent du midy et où tombent les eaux chaudes. C'est pourquoy les pierres tendres qui ont beaucoup de nitre se gastent encore plus aisément que les autres, quand les eaux frappent contre. On les voit par cette mesme raison plus endommagées dans le pied des bastimens, parce que l'eau des pluyes, qui tombe des toits et qui coule le long des murs, les mouille d'avantage auprès du rez de chaussée qui demeure plus longtemps humide à cause de la proximité de la terre, et qu'elles sont moins exposées au soleil et aux vents qui les peuvent sécher.

De mesme dans les lieux marécageux et voisins de la mer, les pierres sont plus sujettes à se gaster, à cause des vapeurs, pleines de sels marins, qui les humectent et les rongent.

Mais une des choses les plus importantes dans l'architecture est l'employ du fer. Il n'y en a point dans le Chasteau de Chamborg, et, bien que l'appareil et la coupe des pierres soit bien esloignée de la beauté et de la bonté de celles d'aujourd'huy, on ne voit rien neantmoins qui se soit escarté, ny dans les gros murs, ny dans les voutes, si ce n'est quelques endroits, qui autrefois ont esté gastez des eaux faute de bon entretien.

L'on voit au contraire que tous les édifices où l'on a mis du fer en ont esté extraordinairement endommagez et que la pierre, quelque dure qu'elle soit, ne peut résister au fer, qui ne manque point de la faire casser si tost qu'il a commencé de se rouiller. J'en puis donner icy des tesmoignages par des observations récentes et asseurées.

En passant à Chartres, au mois d'aoust dernier, je vis que l'on se disposoit à raccommoder le hault du vieux clocher de la grande église, qui estoit fort endommagé et au péril de plus grande ruine par des fractions qui s'estoient faites et des pierres qui s'estoient détachées. Il y a longtemps que le Chapitre estoit en intention de le réparer, mais la difficulté de trouver des ouvriers, qui voulussent travailler dans un endroit si eslevé, et la despense qu'on appréhendoit avoient toujours fait différer. Cependant, comme M. Estienne, chanoine de cette église, se trouva en charge et l'un des Officiers que l'on appelle de l'Œuvre, son zèle et l'intelligence qu'il a dans les arts luy fist entreprendre ce qu'on avoit toujours retardé.

Ne trouvant point de maçons qui voulussent monter si hault, il prist des couvreurs, mais il falloit quelqu'un pour les conduire et pour avoir l'œil à ce qu'ils feroient. Dans le Chapitre peu de personnes se trouvoient propres et capables pour cela, et assez hardies pour monter au hault d'une piramide qui a plus de cinquante thoises d'élévation. Il ne fist nulle difficulté d'y aller ; il montra le chemin aux ouvriers, et, après avoir fait mettre autour

du clocher, à quatre thoises, ou environ, de la pomme
qui estoit l'endroit où il falloit commencer à travailler,
un eschaffaut de deux planches seulement, qui ne faisoient
pas trois pieds de large, il y monta des premiers, et
ensuitte par les crampons de fer jusques sur la croix,
pour voir ce qu'il y avoit à réparer, et il ne se passa
point de jour, pendant ce travail de deux mois, qu'il
n'allast visiter ce que l'on faisoit. Il est vrai qu'en cela
il fist ce que pas un maçon n'osa entreprendre, et il
arriva mesme une chose surprenante, c'est qu'un maçon
ayant voulu essayer s'il auroit assez de force et de
courage pour travailler en ce lieu-là, monta dans le
Clocher, où il n'y a, depuis la sonnerie, que des
eschelles et des ecoperches pour aller jusques à la
fenestre par où l'on sort dehors et où estoit l'escha-
faudage; cet homme, qui enfin estoit arrivé jusques là
dans une obscurité qui est si grande qu'à mesure que
l'on monte il semble qu'on entre dans un profond
abisme, parce qu'il n'y a d'ouverture que dans le bas
du clocher, et se trouvant à la fenestre, le grand jour,
une si vaste estendüe de ciel et de terre qu'il descouvroit
autour de luy, et la hauteur où il se trouva, luy trou-
blèrent si fort l'esprit que ce qu'il peut faire avec
beaucoup de peine, fut de descendre en bas, et l'émotion
qu'il eust fist un tel effet que, la fièvre luy ayant pris,
il mourut peu de jours après.

Comme j'eus apris tout cela, en passant je prié
Monsr Estienne de vouloir bien faire quelques
remarques sur les pierres et la manière dont ce clocher
est basty, parce qu'estant ancien de plus de 700 ans, à
l'exception de la piramide qui a esté réparée en 1397,
on en peut tirer quelqu'utilité, ce qu'il me promist de
faire. Mais affin de lui expliquer mieux ce que je

désirois, je crus, après estre party, qu'il valoit mieux luy envoyer un mémoire des choses principalles que je souhaittois le plus; et, comme elles ne sont pas inutilles à sçavoir pour ce qui regarde les bastimens, j'ay cru pouvoir mettre icy ce que je luy escrivis, avec sa response, pour mieux juger de la vérité des faits.

Je ne puis m'empescher de vous escrire, Monsieur, et de vous prier encore que, pendant que vous faites vos visites au vieux clocher, de vouloir bien, comme vous m'avez desjà promis, en prendre toutes les mesures, dedans et dehors, autant qu'il se pourra, d'observer partout la grosseur et la nature des pierres :

Si elles sont esgallement dures; les dures résistent toujours plus que les tendres ;

Si, du costé où elles se gastent le plus, les dures sont plus ou moins endommagées que les tendres ;

Si elles sont toutes esgallement maçonnées et jointes les unes aux autres ; combien il y a d'espoisseur de mortier entre les joints ;

Si elles sont renduites par dedans le clocher ; si les pierres qui sont gastées le sont jusques au dedans du clocher ;

S'il n'y a point de recouvrement des unes sur les autres par dehors ;

Si elles diminuent de grosseur à mesure qu'elles montent;

Si celles, qui estoient engagées par du fer et qui se trouvent gastées, estoient tendres ou dures, ou s'il y en a des unes et des autres, et lesquelles sont les plus gastées ;

La grosseur des pierres et leur nature est presque toute différente. Il y en a d'un, 2, 3 et 4 pieds de long sur 12 et 16 poulces de hault. Elles ont esté prises particulièrement près de Chartres, comme à Berchères, Ver, Rozay, Emprainville, et quelques unes du costé de Maule, au dessus de Montfort.

Elles ont différente dureté selon la bonté des carrières.

Les dures résistent toujours plus que les tendres.

L'espoisseur du mortier qui les joint augmente tousjours en montant, de sorte qu'il est quelquefois de deux doigts.
Elles sont enduittes aux estages bas, mais non à la piramide.

Elles n'ont point de recouvrement qu'à la piramide.

Elles sont extrêmement meslées jusques à la piramide, qu'elles se trouvent à peu près de mesme grosseur, sçavoir de 10 à 12 pouces sur 7 pouces de hault.
Les tendres sont plus gastées, c'est à dire fendues, que les dures.

Si le fer enfiloit et traversoit les pierres aux endroits qui se trouvent ouverts et où il y a fraction, ou bien s'il estoit seulement enclavé dans les pierres;

Il ne les enfiloit pas, mais, les pierres estant taraudées il estoit scellé dedans avec du mortier pur et simple.

S'il estoit rond ou quarré, de quelle grosseur, et si les pierres estoient percées, et la longueur des barres de fer;

Il estoit quarré, d'un pouce ou 15 lignes de gros.

Si ce mesme fer estoit revestu de feuilles de plomb, ou trempé dedans;

Il n'y avoit point de plomb.

Et, s'il s'en trouve de différentes sortes, observer celuy qui a fait le plus d'effet;

Il estoit tout esgal à l'exception de quelques uns où il y avoit des coins de fer pour les affermir dans les bouts.

Si le fer ne s'est rouillé que du costé où les pierres ont esté touchées de l'eau;

Le fer s'est rouillé esgallement autour du mortier, mais plus à la sortie de la pierre que le reste qui estoit en plain air.

S'il s'est bien conservé dans les endroits où il a esté à couvert;

Il s'est bien conservé enfermé dans la pierre sans mortier, ou couvert de plomb et sans air.

Si l'air seul n'y a point fait d'impression;

Ce qui estoit en plain air s'est conservé, et la partie immédiate, qui sort du lieu ou il estoit engagé, a esté plus sujette à se gaster.

Si au lieu de fer il ne se trouve point qu'on se soit servi, parmy les pierres, de crampons de cuivre ou de bois, et en quel estat ilz se sont trouvez, et si les pierres en ont esté endommagées;

Il ne s'est point trouvé de cuivre ny de bois.

La différence qu'il y aura du fer qui est le plus à l'air, et s'il ne s'y trouve point plus d'aigreur au toucher; taschez, s'il vous plaist, de voir de tout cela ce qui est le plus ancien.

On n'y a point fait d'expériance.

Observez aussy la nature du bois du Beffroy, et, si vous pouvez le dessigner pour voir la composition et l'assemblage des pièces de bois et leur mesure, cela sera très bon, et en mesme temps celles des cloches;

Il est de chesne; on n'en a pas pu faire le dessein, faute de temps, non plus que des cloches.

Et aussy avoir toute la hauteur et la largeur de tout le clocher,

La hauteur de tout le clocher, depuis le milieu de la croisée de la

du haut jusques en bas, par parties et voir par vos mémoires ce qui aura esté fait de plus nouveau.

Quoique ces remarques soient assez amples, vous pouvez encore Monsieur, adjouster toutes celles que vous trouverez à propos, que je seray ravi de voir.

croix jusques au pavé du premier estage, est de 51 thoises et demye.

L'on envoye du vieil fer qui a esté pris à la pointe du clocher, et du mortier, avec un morceau de la pierre dont la piramide est construitte.

Ce que l'on peut remarquer sur ces pierres est que celles, qui sont exposées aux grandes pluyes et au Midy, parroissent plus dures dans leur superficie que celles du Nord.

Avec cette response exacte, que Monsr Estienne fist à ma lettre, il m'envoya un profil de l'élévation du Clocher, ses mesures, et des remarques particulières escrittes à costé, ainsi qu'elles sont dans la feuille qui suit cy après.

Il me fist tenir aussy un morceau de pierre, et du mortier pris dans le mesme endroit ou il faisoit travailler. L'on voit par ces deux eschantillons comment l'air et les pluyes en ostent tout le sel. Il m'envoya aussy du fer pris à la pointe du Clocher et aux crampons, qui servent d'eschelles à y monter par dehors, et il m'a confirmé, depuis sa lettre, qu'il a exactement observé que le fer, qui est bien scellé de plomb dans la pierre, n'est point endommagé de la rouïlle, mais que celuy, qui est simplement dans la pierre ou dans le mortier et qui a de l'air, est tout consommé et s'en va en poussière par petits feuilletz. Celuy qui est entierement exposé dehors et à l'air, n'est pas gasté de la sorte, mais bien le fer qui est, comme je viens de le dire, ou fiché dans la pierre, ou scellé avec mortier et à l'endroit mesme qui est proche de la maçonnerie, car, estant davantage empreint de l'air et de l'humidité de la pierre et du mortier, le mortier et la pierre luy communiquent les sels dont elles sont souvent abbreuvées, ce qui fait qu'il se rouille davantage que celuy qui est exposé au vent et au soleil, et, comme ces sels le remplissent et que la rouille l'enfle et le fait eslever par feuilletz, c'est aussy ce renflement du fer qui fait éclater les pierres et qui est cause des fractions qui se sont faites dans ce clocher, et que les pierres s'en destachoient.

Cette humidité de l'air et le sel nitreux qui s'y rencontre ont tant de force sur le fer, lorsqu'il n'est pas à couvert, que Mr Estienne m'a dit qu'il a veu les branches de la Croix du Clocher neuf, qui fut refait en 1506, lesquelles sont recouvertes d'une lame de cuivre. Mais, parce qu'elle ne joint pas bien par dessoubs, l'air y a trouvé un passage et l'humidité qui s'y est arrestée ont tellement mangé le fer qu'il s'en va en poudre fort menue, ce qui ne seroit pas arrivé de la sorte s'il eust esté entièrement couvert de cuivre, ou tout à fait exposé au vent. Ainsy au lieu de fortifier un ouvrage en y mettant du fer, on avance souvent sa ruine.

Il m'a depuis communiqué une autre observation qu'il a faite touchant le plomb dont l'église est couverte. Ne sçachant d'où venoit l'eau qui pourrissoit quelques endroits de la charpente, veu le grand soin qu'on prend à faire travailler à la couverture, il aperçeut enfin de petits trous dans le plomb, et, les ayant examinez avec soin, il connut que c'estoit les vers qui s'engendroient dans le bois qui perçoient aussy le plomb et y faisoient les mesmes trous et les mesmes chemins que dans le bois, ce qu'il m'a fait voir par un eschantillon qu'il m'a envoyé. Comme ces ouvertures ne sont pas toujours percées droites et qu'elles sont fort petites, il est difficile de les appercevoir. Cependant, quoyque petites, la quantité fait qu'avec le temps il ne laisse pas de passer de l'eau, dont on ne s'apperçoit que quand le bois est gasté.

*Profil **du dedans***

DU

VIEUX CLOCHER DE CHARTRES.

———

Ire Figure.

A. *Premier estage.*

a. Voute en ogive de 2 pi. 1/2 d'époisseur.
b. Descente pour aller sous terre.
c. Fausse porte.

Les assises de pierre jusqu'à la moitié du 4e estage sont de différentes hauteurs et de nature de pierre; la piramide est construitte toute de pierre d'Amprainville.

B. 2e *Estage.*

a. Voute de 2 pieds d'espoisseur.
b. Entrée.
c. Porte pour aller sur les voûtes de l'Eglise.

C. 3e *Estage.*

a. Entrée.
b. Escalier de bois pour monter au 4e estage.
c. Fenestres dont les plus eslevées continuent jusques dans le 4e estage.

d. Fenestres.

e. Retraite sur laquelle est appuyée la charpente qui fait le plancher de ce lieu.

D. *4ᵉ Estage.*

a. Fenestres.

b. Autres fenestres qui continuent dans le 5ᵉ estage, où commence la piramide.

Ce lieu est quarré par le bas, et les assises qui sont au dessus des premières croisées sont plus petites que celles de dessous, et de pierre de Praville; au-dessus des cintres des fenestres ce lieu se forme à 8 pans.

E. *5ᵉ et dernier Estage* où la piramide commence à s'élever.

L'on monte dans le dedans de cette Piramide par un escopesche eslevé au milieu de ce 5ᵉ estage, et par des eschelles qui vont gagner le roüet *h* et ensuitte la fenestre *m.*

a. Cordons des huit arestes du dehors.

b. Retraite du Clocher en dedans.

c. Cordons de pierre en dedans.

d. Croisées.

e. Fractures tout le long de la Piramide, jusques à la fenestre *k*, faites par les crampons qui estoient par le dehors, lesquels on a ostez, voyant qu'ils fendoient la pierre dans laquelle ils avoient esté placez au large, après avoir esté forée auparavant avec des tarières, dans le temps où on réédifia cette piramide en 1397, et ensuitte scellez de maçonnerie.

f. Commencement de la piramide en dehors.

g. Commencement de la piramide en dedans.

h. Troisᵉ roüet, ou croisée de fer, engagée seulement dans les murs du clocher.

i. Roüet de fer, composé de six branches, qui traversent la capacité du clocher et tiennent un cercle de fer, qui environne le Clocher en dehors.

k. Fenestre, par laquelle on sort dehors pour monter à la pomme du clocher par les crampons de fer qui y conduisent, lesquels sont soudez sur des branches de fer, dont les huict cordons, qui sont sur les 8 arrestes du dehors du clocher, sont revestus jusques en *l*, prem^re assise du dessous de la fenestre. Les huict branches de fer se rassemblent sous la virole de la pomme; elles sont entaillées dans les cordons, où elles sont scellées et recouvertes de plomb.

Dans chaque jointure de pierre, il sort de ces branches de fer une espèce de crampons qui engagent les assises supérieures avec celles de dessous, et outre cela il y a encore dans chaque assise un cercle de fer garny de pointes pour retenir toutes ces assises en plus grande liaison, comme la figure *m* le représente.

n.n. Sont les assises dont *m* en est une détachée.

o. Est une barre de fer, dans laquelle passe encore *p.q.*, laquelle est engagée dans le corps du clocher, et fait la fin du cone de dedans du clocher.

p.q. Grande pièce de fer, qui enfile toutes les assises de pierre depuis la pointe du clocher jusques en *p*, où elle est retenue par deux pièces de fer en croix, qui entrent dans les costez du clocher.

r. Main de fer passée dans la branche de fer *p.q.*, et qui sert à monter sur la pomme, lorsqu'on est parvenu au plus haut des crampons qui sont en dehors.

s. Pomme de cuivre avec sa virole, de 3 pieds de diamètre.

t. Croix cassée par le tonnerre jusques en *u*. Elle

est de cuivre, à l'exception des deux fleurs de lis qui sont de fer.

2ᵉ Figure. — Profil du hault de la piramide en plus grand volume.

3ᵉ Figure. — La mesme extremité de la piramide comme elle est veue par le dehors : *a*. Crampons de fer; *b*. Fenestre.

4ᵉ Figure. — Plan du roüet *h*, ou croisée de fer.

5ᵉ Figure. — Est une des assises de pierre, marquée *m*.

MÉMOIRES

pour servir à l'histoire des Maisons Royales et Bastimens de France.

—

NOTES.

Le travail de Félibien est trop court pour qu'il soit nécessaire d'y mettre une table des noms cités. Son intérêt le plus grand n'est pas dans l'histoire des châtelains, mais dans la description des châteaux, et les articles de ceux-ci sont faciles à trouver. Il n'y a pas lieu non plus d'y faire une annotation étendue; elle serait énorme et ne mènerait à rien moins qu'à refaire presque complètement l'histoire de chacun des châteaux dont il a parlé. Sur le point généalogique, où il y aurait souvent à reprendre, il suffira de renvoyer d'une façon générale à Moréri, au Père Anselme, à La Chesnaye des Bois et à l'Art de vérifier les Dates. Pour les châteaux eux-mêmes, le plus intéressant, comme le plus utile, en serait la bibliographie, mais le Père Lelong, Girault de Saint-Fargeau, et la partie du Catalogue des Imprimés de la Bibliothèque Nationale consacrée à l'histoire de France, sont là pour la donner à ceux qui peuvent en avoir besoin. Les livres de M. de la Saussaye sur le Blésois et sur les châteaux de Blois et de Chambord, le livre de M. Loiseleur, d'Orléans, sur les résidences royales des bords de la Loire, et, pour les fêtes et les séjours royaux du xviie siècle, la Muse historique de Loret et le Journal de Dangeau, offrent tous les renseignements sur l'histoire.

Au point de vue architectural et pittoresque, il faut citer en première ligne les plus excellents Bâtiments de France de Ducerceau, ensuite la collection topographique du Cabinet des Estampes, enfin les suites si nombreuses d'habiles photographies de M. Mieusement, autrefois établi à Blois, maintenant retiré à St-Denis près de Blois pour se consacrer uniquement à la reproduction des monuments de la Touraine. Un catalogue bien fait de ses clichés serait un renseignement des plus précieux, car on y trouverait non seulement des vues pittoresques et des ensembles, mais des détails en grand nombre; il a fait en ce genre une série considérable des chapiteaux de pilastres de Chambord, qui sont la preuve la plus étonnante de l'invention souple, élégante, inépuisable, toujours nouvelle et jamais fatiguée ni banale, de la fantaisie sculpturale de la Renaissance. En même temps il est impossible d'oublier les belles eaux-fortes, fermes et passionnées, que M. de Rochebrune n'a pas encore fini de consacrer à l'illustration de Blois et surtout de Chambord.

S'il fallait parler, même sommairement, de tout ce qui vient d'être indiqué en masse, ce serait tout un livre, et ces notes seraient dix fois plus longues que le texte. Nous nous bornerons à quelques-unes très-rapides, celles qui nous viennent du premier coup sous la plume, surtout quand on peut ne pas les trouver dans les sources formelles, et bien autrement riches, que nous n'avons dû indiquer que d'une manière générale.

BLOIS. — Page 1. — M. Dupré, le bibliothécaire de la ville, a récemment parlé en détail des aqueducs et des fontaines de Blois dans une note publiée par la Revue des Sociétés savantes, 5ᵉ série, III, 1872, p. 315-28.

— Page 10. — Faustus est le poëte italien Fausto Andrelini, de Forli, qui a tant écrit de poëmes latins en l'honneur de Charles VIII, d'Anne de Bretagne et de Louis XII; sa biographie, qu'on tirerait de ses vers personnels, serait curieuse et ses poëmes historiques mériteraient d'être étudiés et même réimprimés, sinon en entier, au moins par parties. Les historiens littéraires de l'Italie en ont parlé, mais, comme il est devenu à demi Français et que toutes ses œuvres ont été imprimées à Paris de 1490 à 1519, une véritable étude en est encore à faire. M. Brunet en a donné une bonne bibliographie dans son Manuel du Libraire (5ᵉ édition, I, colonnes 270-5). — M. de la Saussaye a publié une épigramme de Lodovico Heliano sur la même statue équestre de Louis XII à Blois; il y a sur ce rival de Faustus une note biographique de moi dans le Bulletin de la Société des Antiquaires de France, année 1864, pages 149-53.

— Page 13. — A propos des oubliettes, qui sont toujours des fosses ou des magasins, quelquefois même des décharges, voir : Millin, Voyage en France, IV, 785; La Saussaye, Château de Blois; Dictionnaire d'architecture de M. Viollet-Leduc.

— Page 14. — La Sophonisbe, tragédie en prose avec des chœurs en vers, imitée librement du Trissin par Mellin de Saint-Gelais et François Habert, a été imprimée en 1560. Elle a été représentée deux fois à Blois, au dire de Brantôme, aux noces du Marquis d'Elbeuf et à celles du Marquis de Cypierre, c'est-à-dire le 3 février 1554 et le 21 avril 1556. Voir l'excellente édition de Mellin de Saint-Gelais, publiée récemment dans la Bibliothèque

Elzevirienne par M. Prosper Blanchemain, I, 171, 173, et III, 159-60.

— Page 15. — Sur les manuscrits conservés au Château de Blois, voyez Le Roux de Lincy, la Bibliothèque de Charles d'Orléans à son château de Blois en 1427 (Bibliothèque de l'École des chartes, 1re série, V, 1843, p. 59-82) dont il a été fait un tirage à part, et l'ouvrage récent de M. Léopold Delisle, — le Cabinet des manuscrits de la Bibliothèque Impériale, etc., publié dans la collection de la Ville de Paris, in-folio, I, 1868, p. 105-21 (Charles d'Orléans), 122-40 (Louis XII), 175-8 (François Ier), — qui en a parlé avec la sagacité et l'exactitude qu'on lui connaît.

— Page 17. — Guillet de S. Georges (*Mémoires inédits des Académiciens*, I, 122) dit seulement de Sarrazin : « Il fit en » marbre, sur une hauteur de seize pieds, un buste ou portrait » de Son Altesse Royale Gaston de France, duc d'Orléans, qui » fut posé au château de Blois. »

— Page 18. — Ces renseignements de Félibien, sur la part de Guillain dans les sculptures du château de Blois, complètent heureusement le renseignement incomplet de Guillet de Saint-Georges : « Son Altesse Royale Gaston de France, duc d'Orléans, » voulant embellir le château de Blois, qui étoit alors le lieu de » son séjour, se servit de M. Guillain pour faire dans la cour » de ce château plusieurs figures, entre autres... » (*Mémoires inédits des Académiciens*, I, 193.)

— Page 24. — Il est remarquable que nous ne sachions rien d'ailleurs sur les deux sculpteurs Boyé (ou Boyer?), de Blois, et Robelin de Paris, à moins, ce qui n'est pas impossible, que le premier ne soit le même que le Boyer de Blois, cité p. 64, comme l'architecte de Cheverny.

— — Il n'y a pas de lettres de Henri IV à M. de Sommery dans sa correspondance publiée dans la collection de Documents inédits relatifs à l'histoire de France.

— — Cette biche était-elle bien en terre cuite? Félibien ne l'a pas vue et n'a fait qu'en entendre parler. N'aurait-elle pas plutôt été en cire, et ne serait-ce pas cet ouvrage de François Juste que l'on connaît par la citation de M. de Laborde, Glossaire des émaux du Louvre, 1853, article *Cire ouvrée*, p. 215 : « 1510. Maistre Anthoine de Just, ymagier, a confessé avoir eu » et reçu la somme de XLII livres tournois, pour avoir par luy » fait une bische de cire que ledit Seigneur a ordonné estre » assise et mise au bout de la gallerie du grant jardin du chasteau » de Bloys, et icelle estoffée et peinte de couleurs nécessaires. » — Ces souvenirs cynégétiques se retrouvent plusieurs fois; ainsi dans deux salles d'arbres, à la « Veneria reale » près de Turin, il y avait, dit Lalande, I, 309, « un cerf de bronze, mais mal

» modelé. » La Correspondance de Métra, 1er décembre 1778,
VII, 150, a même une anecdote qui se rapporte tout-à-fait au
sentiment de Louis XII : « Le Roi a tué à la chasse un cerf si
» vieux qu'on peut le regarder comme le doyen des cerfs; son
» museau était entièrement blanc. Louis XV l'avoit souvent
» rencontré et respecté. On a fait mouler la représentation de
» cet animal en plâtre, et tout le monde va l'admirer dans la
» Chambre du Roi (à Versailles). »

— — Le jardin de Gaston à Blois était bien connu; voir dans le
volume des Documents pour 1872 un passage extrait des œuvres
poétiques du sieur Bouillon (pages 117-8).

Montilz-les-Blois. — Page 25. — M. Dupré a écrit sur son
histoire un travail sur lequel on peut voir un rapport de M. Clé-
ment de Ris dans la Revue des Sociétés savantes, 5e série, II,
1870, p. 429-30.

— — La question du servage en Touraine est maintenant apurée
par la publication du *Liber de servis* de Marmoutiers imprimé
par M. Salmon, repris depuis par M. Grandmaison; il y a
ajouté en appendice le texte de 66 autres chartes, et l'a fait
précéder d'un essai sur le servage en Touraine. Déjà en 1865, aux
réunions de la Sorbonne il avait lu une notice sur l'abolition du
servage en Touraine (Volume d'histoire, 1866, p. 563), et son
livre publié, en 18 , a été couronné au concours des Sociétés
savantes en 18 . Depuis, M. Dupré a ajouté sur le même sujet
une notice sur le servage et sur son abolissement dans le Blésois,
publiée dans les Mémoires de l'Académie de Blois.

CHAMBORD. — Page 28. — On peut voir, dans le « Blois et ses
environs » de M. de la Saussaye, ce qu'il dit de ces charmants
hôtels de la vieille ville, presque tous bâtis de la fin du xve siècle
au milieu du xvie siècle, mais il ne dit d'aucun qu'il ait au xviie
appartenu à M. de Fougère; il serait pourtant curieux de le
découvrir, car on saurait par là même quel était son possesseur
au temps de la construction de Chambord, et il en sortirait
peut-être quelque conclusion intéressante.

— Page 30. — Voir dans les Archives de l'Art français,
Documents, tome III, 1855, p. 78-80 et 406, une lettre de
l'architecte Boffrand, se préoccupant du nom de l'architecte de
Chambord. M. de la Saussaye a parfaitement prouvé que c'était
Pierre Nepveu, dit Trinqueau, d'Amboise. Un de ses successeurs,
celui que Félibien (p. 31 et 35) appelle Coqueau, nom que lui
maintient M. Lance dans son Dictionnaire des Architectes
Français I, 158-9, est appelé Cogneau dans le marché fait en
1554 pour la construction de certaines parties du Château de
Chambord, publié par M. Salmon dans la Bibliothèque de l'École

des chartes, 3ᵉ série, III, 1856-7, pages 62-8; il y en a eu un tirage
à part.

— Page 41. — Voici le passage de Palladio sur l'escalier de
Chambord :

« Un' altra bella maniera di scale a lumaca fece gia fare à
» Sciambur, luoco della Francia, il magnanimo Re Francesco,
» in un palagio da lui fabricato in un bosco, ed è in questo
» modo. Sono quattro scale, le quali hanno quattro entrate, cioè
» ciascuna la sua, et ascendono una sopra l'altra, di modo che,
» facendosi nel mezzo della fabrica, possono servire a quattro
» appartementi, senza che quelli, che in uno habitano, vadano
» per la scala dell' altro; e, per esser vacua nel mezo, tutti si
» veggono l'un l'altro salire et scendere, senza che si diano un
» minimo impedimento. E, perche è una bellissima inventione
» et nova, io l'ho posta, e con le lettere contrasegnate nella pianta
» et nell' alzato, accioche si veda ove cominciano e come ascen-
» dono. » — (Quattro libri dell' Architettura, Venetia, 1570,
grand in-4º, Libro primo, p. 64-5.)

Félibien a raison de dire que cette description ne se rapporte
en rien à l'escalier exécuté, mais il n'en est pas moins très-
probable que ce plan, parvenu en Italie jusqu'à Palladio, a été un
moment inventé et projeté pour Chambord; Palladio ne l'a pas
inventé et devait l'avoir peut-être depuis longtemps entre les
mains, croyant qu'il avait été exécuté. On a dû varier plus
d'une fois quant à cet escalier. Le modèle en bois « de la
» maison de M. de Fougère » est, lui aussi, différent, et quatre
montées me paraissent même bien dans le goût du plan de
l'édifice. En effet le donjon de Chambord, comme dit Ducerceau,
se compose en réalité de quatre châteaux carrés, parfaitement
distincts et réunis par une croisée au milieu de laquelle se trouve
l'escalier central. Du reste la séparation de cette croisée, coupée en
trois étages par deux planchers, est certainement ancienne. Ducerceau en parle; les deux balustrades qui enceignent l'escalier à
chaque rencontre de plancher, sont les mêmes que les balustrades
en spirale qui s'enroulent autour des montées; les pilastres, qui
forment ordonnance autour de la cage, correspondent aux étages.
Mais je ne serais pas étonné qu'il n'y ait eu dès l'abord modifi-
cation du plan primitif. Au milieu de ce triple étage de quatre
salles en croix, — elles ne servent que de passage et de communication entre les quatre châteaux, qui lui présentent chacun
deux de leurs murs de derrière nus, presque sans ouvertures, et
elles occupent presque inutilement un espace énorme à l'état de
corridor, — l'escalier, bien qu'il soit à jour, reste sombre et sans
effet; il force à le tourner, voilà tout, sans ressortir comme
l'architecte avait pu d'abord avoir eu l'idée de le faire saillir aux
yeux. Toutes les trois croisées sont basses pour leur largeur; les

deux premiers plafonds sont droits, nus, sans décoration; quant
à la voûte du troisième étage, elle est d'une lourdeur effrayante
et écrase l'étage comme les passants; les moulures des caissons
carrés, le ressaut de la corniche qui supporte l'anse de panier
de la voûte, sont énormes et beaucoup trop forts et rudes pour
être vus de si près; il leur faudrait un bien autre éloignement de
l'œil pour avoir leur point et, en s'allégissant par la perspective,
perdre leur grossièreté et devenir élégants sans cesser d'être
fermes; c'est une décoration faite pour paraître encore en étant
regardée de loin. Je croirais volontiers qu'originairement il ne
devait pas y avoir de planchers, que la croisée de ces quatre
galeries devait être unique et monter de fond depuis le sol
jusqu'à la voûte. Les quatre châteaux n'auraient alors communiqué entre eux qu'au rez-de-chaussée et par les terrasses, et la
voûte aurait été comme un quadruple pont, jeté d'un château à
l'autre à la hauteur de la naissance des toîts. On comprend le
parti qu'on aurait tiré de ces galeries immenses qui auraient
pu servir de manège, de lieu de tournois et de parades, et qu'on
aurait pu convertir en vrais jardins pour des fêtes de nuit. Dans
tous les cas, l'escalier central aurait été plus clair; surtout il se
serait élevé isolé, et, en même temps que l'apparence d'un pilier
gigantesque destiné à contrebuter toutes les masses environnantes,
il aurait eu, avec la hardiesse et le jet d'une colonne triomphale,
la légèreté d'un fût le long duquel l'œil peut monter d'un trait
de la base jusqu'au chapiteau. C'est dans ce cas que l'on
comprend mieux la fantaisie de l'architecte dans la richesse
inouie de la décoration des toits où les cheminées et les lucarnes
sont des monuments; c'est avec ce parti que l'on comprend
mieux l'épanouissement merveilleux de la lanterne centrale. On
monte toujours jusqu'à elle, mais on peut s'arrêter en route; avec
l'escalier isolé, c'est à elle seule qu'il conduit; dès la première
marche on lui appartient, et l'on est tenté par cet escalier
étrange qui ne conduit à rien de ce qui vous entoure et qui se
dresse comme la tentation d'une énigme. Il me semble qu'en
supposant cette idée première à l'inventeur de Chambord, on se
rend mieux compte de son invention capricieuse de n'avoir fait
du château tout entier que la base et comme le piédestal de
toutes ces merveilles de fantaisie architecturale qui s'élèvent sur
la plateforme et humilient de leur efflorescence la nudité relative
de la partie inférieure, qui est en réalité le véritable bâtiment.

Il y a eu au moins trois projets pour l'escalier, conçu évidem-
ment en rivalité de celui de Blois, de la montée en spirale d'Amboise, et pour les laisser en arrière. Le projet du modèle de
bois, qui n'a de montée double que jusqu'au premier, comportait
peut-être déjà un plancher; une salle unique, comprenant la
hauteur du premier et du second étage, aurait encore donné

assez de reculée à la corniche et aux caissons de la voûte, et la partie double de l'escalier ajoutait à la facilité des communications du rez-de-chaussée avec le premier étage, plus important que le second. Le plan qui se trouve dans Palladio comporte encore plus l'existence de planchers, car ce nombre de quatre escaliers ne peut que se rapporter à celui des châteaux qui l'entourent. Le projet qui a été exécuté, une fois qu'on abandonnait l'isolement complet de l'escalier, est un moyen terme entre les deux autres; il n'a plus que deux montées, quatre eussent été trop chères à construire, et il fait communiquer tous les étages entre eux; la nouveauté, l'étrangeté même de la conception première ont cédé devant la commodité. Les bras de la croisée d'une seule venue eussent peut-être paru étroits; aujourd'hui ils sont trapus, écrasés, à la fois trop larges et trop nus; les tapisseries accrochées aux murs, qui ne paraissent jamais avoir eu de décoration et qui sont criblés de clous, devaient certainement atténuer ce défaut; mais dans tous les cas l'effet de l'escalier a été perdu et ne se retrouve que sur la terrasse.

— En revoyant, à l'épreuve de ce qu'on vient de lire et qui était écrit sur le souvenir d'anciennes visites, les dernières éditions du Chambord de M. de la Saussaye, je suis heureux d'y retrouver une confirmation bien précieuse de la pensée qu'originairement la grande croisée, qui a pour centre l'escalier de la lanterne, devait d'abord ne pas avoir d'étages divisés par des planchers. Il ne s'est pas préoccupé de la comparaison des trois escaliers d'après le modèle en bois, le plan de Palladio et l'exécution ; mais, après avoir remarqué, comme moi et comme tout visiteur habitué aux choses de l'architecture, la lourdeur de la voûte, il y ajoute le mauvais emmanchement des cheminées, qui sont maladroitement plaquées sur les gros murs sans que leurs coffres soient à l'intérieur, ce qui existerait si elles avaient été dans l'intention de la première construction. Il y ajoute même davantage, c'est que les murs en façade, qui ferment ces quatre croisées du sol jusqu'aux terrasses et sont percées de baies pour éclairer les trois étages de la croisée, ne se chaînent pas avec la grosse construction, sont beaucoup moins épais, même relativement minces, et de plus ne sont pas de la même pierre. Avec cet ensemble de preuves, il ne peut plus être douteux qu'originairement l'escalier central devait s'élever à l'état entièrement isolé, et que non-seulement la croisée devait monter de fond, du sol jusqu'à la terrasse supérieure, mais que des quatre côtés, elle devait à l'extérieur, et de haut en bas, rester absolument ouverte. Les murs qui la ferment y ont été mis en quelque sorte comme on met postérieurement un bâtis de menuiserie pour ajuster une fenêtre fermante dans les arcades d'une galerie d'abord construite pour être à jour.

— M. de la Saussaye a connu le passage de la relation du voyage en France de l'ambassadeur vénitien Jérome Lippomano en 1577, rédigé par son secrétaire; mais ce témoignage d'un Italien sur les splendeurs de Chambord au xvi⁰ siècle est si remarquable qu'on nous pardonnera de le transcrire en entier d'après les Relations des Ambassadeurs Vénitiens publiées dans la collection des Documents inédits relatifs à l'histoire de France (II, 3o1-3) :

« Alli 21 ci levammo un poco fuor di strada per andar a videre » il castello di Chianburg, o, per dir meglio, il palazzo comin- » ciato dal re Francesco, che è bene opera degna della magnani- » mata di quel gran prencipe, e, con tutto ch'io abbia veduti » molti edifizii superbi à miei giorni, non v'ho veduto alcuno » ne più bello ne più ricco di questo, per non dir però, che però » viene affirmato da molti, che in stivali soli per fare il basti- » mento ed il fondo, conciossia che la fabbricca è tutta in palude, » vi sia stato speso piu di trecenta mila franchi. La prospettiva » in ogni quadro è tanto piu dilletevole quanto che ha le facciate » quasi semilunari con li paviglioni negli angoli e la scala a » lumacca, che è di ducentottanta gradi, annoverati da me, nel » mezzo della stanza, degna di essere altrettanto per l'artifizio, » come è per la commodita; essendo in modo fabbricata che per » un verso gli uomini vi possono ascendere e per l'altro calare a » sei ed otto per fila; in maniera che li portici e le sole vengono » essere in croce, e le stanze negli angoli, ma pero e gli uni e » l'altre tanto grandi ed in tanto numero quanto piacche all' » architteto di disponere, poiche non averva mancamento di » paese, essendo che il parco, ch'è serato di mura all' intorno, » cinge sette leghe. Dentro il quale vi sono boschi, paludi, » ruscelli, pascoli e luoghi di caccia, e nel mezzo si vede quella » bella fabbrica, che, siccome è copiosa di dorati merli, di ale » piombate, di paviglioni, di veroni e corridori, è di quelle » appunto che fingono li nostri poeti romanzi nelle case di » Alcina e di Morgana. Ma la fabbrica, siccome non è alla sua » perfezione, mancando piu della metà, cosi non penso mai che » si fornisca, volendovi tanta quantita di danari, ed essendone » ora il regno tanto esausto per le passate guerre. »

— Ajoutons sur Chambord un petit renseignement : « Ensuite » (après les travaux des Tuileries en 1666) M. Magnier eut ordre » d'aller au château de Chambord, où il fit, seul et sans associé, » toute la sculpture de bois qui est dans la chambre du Roi. » Mémoires inédits des Académiciens, I, 419. Mais sur les travaux de Louis XIV, pour Chambord comme pour tout le reste, il faudra bien en venir à dépouiller et à faire sortir les Comptes des Bâtiments.

Chenonceaux. — Page 46. — Voir le passage de Martin Du Bellay dans la collection des Mémoires sur l'histoire de France de Michaud et Poujoulat, 1ʳᵉ série, V, 136.

— Pour Chenonceaux en général je renverrai, sans détails, aux publications du prince Galitzin, aux textes nombreux imprimés par l'abbé Chevalier, et à la pièce publiée par M. Grandmaison dans le premier volume de notre Société, 1872, p. 150-3, qui vient des minutes de M. Foussedouaire, notaire à Tours.

— Page 49. — Félibien loue la délicatesse et la propreté de la sculpture de Chenonceaux. Qu'aurait-il dit de celle des fragments de Bonnivet conservés au Musée de Poitiers? En réalité, si le parti du plan et l'effet pittoresque de Chenonceaux sont merveilleux d'invention et de nouveauté, l'exécution en est plutôt un peu grossière, ce qui n'est pas rare dans les châteaux du xviᵉ siècle quand ils ont été bâtis vîte et au meilleur marché possible. Ce qui reste de Bury montre qu'il était dans ce cas ; Chambord lui-même n'est pas non plus sans reproche de ce côté, et il y a bien loin de cette exécution sommaire et un peu lâchée à la finesse de la chapelle d'Amboise ou du grand escalier de Blois. — On sait les projets de Catherine pour la construction, au-delà du pont, sur l'autre rive du Cher, d'un second château plus riche encore que le premier; ce sont les guerres de religion qui l'ont empêchée de donner suite à ce projet.

Chaumont. — Page 51. — Le *liber de compositione castri Ambasiæ et ipsius dominorum gestis*, qui n'est pas d'un moine de Marmoutiers, mais d'un moine de Pontlevoy, a été réimprimé par M. Marchegay pour la Société de l'histoire de France dans le volume des Chroniques d'Anjou publié en 1856. On peut voir la préface de M. Mabille, publiée en 1871, p. xlii-xlvi, pour les manuscrits et les éditions antérieures.

— Pages 52-3. — Les bâtiments de l'abbaye de Pontlevoy à six lieues et demie de Blois sur la route de Loches et au-delà des Montils, subsistent encore en entier, mais les statues funéraires dont parle Félibien n'existent plus.

— On sait que le beau portrait du Louvre, qui a passé si longtemps pour représenter Louis XII et pour être une œuvre de Léonard de Vinci, est d'Andrea Solario et représente Charles Chaumont d'Amboise. On sait moins que c'est M. Charles Leblanc qui a le premier rectifié le nom du personnage représenté, dans un article du *Magasin pittoresque*, tome XV, Décembre 1847, p. 400. C'est aux comptes de la construction du château de Gaillon, publiés par M. Deville, que M. Villot a dû de pouvoir, dès 1852, l'attribuer avec toute vraisemblance au Milanais Solario.

— Page 56. — Sur la belle Limeuil et ses aventures, voir Brantôme et tous les historiens de Henri III. C'est le même Scipion Sardini qui a fait bâtir à Paris, dans le quartier Saint-Marcel, l'hôtel où est maintenant la Boulangerie des Hôpitaux ; il y existe encore, sur la frise de la cour, des médaillons de terre cuite dont j'ai eu occasion de parler (Les Beaux-Arts, revue nouvelle, nᵒˢ des 1ᵉʳ et 15 juillet 1860). — Il subsiste à Blois un hôtel Sardini, qui date du temps de Louis XII (La Saussaye, *Blois et ses environs*, 1862, p. 99) ; mais, comme il peut avoir eu un autre nom à l'origine, ce doit être à ce même Scipion qu'il a dû appartenir sous Catherine de Médicis.

— Page 59. — Ce serait affaire à M. de la Saussaye ou à M. Dupré de nous donner la date précise où Félibien a écrit la note sur Chaumont, et par suite la date de son voyage le long de la Loire, en tirant de quelque témoignage local la mention d'une sécheresse extrême en 1680, année à laquelle se rapporte le mot *de l'été dernier*, puisque le titre porte 1681 ; mais Félibien peut tout aussi bien avoir laissé cette mention et le livre avoir été commencé plus tôt.

CHEVERNY. — Les pages 63-5 (*Depuis la mort.... excellent peintre*) ont été imprimées p. 172-4 du second volume des Peintres Provinciaux de M. de Chennevières. Je les avais accompagnées d'une description détaillée des peintures du château, qui s'ajoutait à la Biographie consacrée par M. de Chennevières à Jean Mosnier. Il y en a eu un tirage à part à 100 exemplaires : *Les peintures de Jean Mosnier de Blois au château de Cheverny*, Paris, Dumoulin, mars 1856, in-8° de 20 pages. Dans la troisième édition de *Blois et ses environs*, de M. de la Saussaye, 1862, in-12, M. Franchet est revenu plus en détail, p. 320-5, sur la description et les explications des devises qui ornent la Salle des Gardes.

— Page 65. — « Les heureux commencements de M. Guérin » le firent rechercher pour plusieurs ouvrages de la campagne, » et, entre autres, M. le Comte de Chiverny, fils de M. de » Chiverny, Chancelier de France, l'employa pour un grand » nombre de figures et d'ornements qu'on voit au château de » Chiverny, auprès de la ville de Blois. M. Guérin, étant de » retour à Paris, travailla au Louvre, d'après les modèles de » M. Sarrazin... » *Mémoires inédits des Académiciens*, I, 259.

MÉNARS. — Le château actuel n'est pas celui dont Félibien a parlé, mais celui construit par Madame de Pompadour, qui le légua à son frère le Directeur général des Bâtiments du Roi, Abel Poisson de Vandières, Marquis de Marigny. Il s'appela depuis Marquis de Menars et c'est sous ce nom que la vente de ses collections a été faite en 1782. Il y aurait une étude à faire sur les sculptures qui décoraient le château et ses jardins, s'il était vrai, comme je crois me souvenir de l'avoir lu quelque part, mais sans me rappeler où, que les belles statues d'Atlas et de Phaëtuse, par Théodon, maintenant au Louvre et auparavant dans le jardin des Tuileries, eussent été apportées de Ménars à Paris à l'époque de la Révolution.

CARRIÈRES DES ENVIRONS DE BLOIS. — Page 69. — Était-ce bien un Charlemagne que ce bas-relief équestre encastré dans la muraille de l'église Saint-Victor entre Blois et Ménars? Malgré tout ce qu'on en a écrit, le dernier mot n'est pas encore dit sur le sens de ces bas-reliefs équestres des églises romanes de la France, où l'on a vu les Seigneurs fondateurs, S. Martin, S. Georges, l'Empereur Constantin et le Christ triomphant. Mais ce n'est pas ici le lieu d'entrer, même légèrement, dans une si grosse discussion.

— Il y aurait aussi bien à dire sur la question de la valeur des pierres. Les raisons données ici par Félibien, écho des architectes ses contemporains, sur les causes de la bonté des unes et des défauts des autres, seraient tout autres d'après les conclusions de la géologie et de la chimie modernes. Il suffit de remarquer ici qu'empiriquement et en fait les conclusions sont excellentes et qu'on n'en a pas d'autres aujourd'hui; on différerait seulement sur l'explication des causes. Rappelons seulement qu'en dehors de l'antiquité, qui employait surtout de grands matériaux nécessairement excellents par l'énormité de leur masse, jamais on n'a mieux employé qu'au Moyen-Age, qui se servait surtout de petits matériaux, les pierres au point de vue de l'emploi de telle ou telle à l'intérieur ou à l'extérieur, en fondation, en blocage, en chaînage, en revêtement, en simple mur ou en points d'appui, selon aussi les services spéciaux qu'on leur demande, quand, par exemple, elles doivent conduire ou renvoyer l'eau, enfin selon les différences d'orientation et d'exposition et selon celles de la charge à supporter. Dans les grands édifices du Moyen-Age, chaque sorte de pierre est employée sciemment selon les qualités et les défauts de sa nature et de sa force. Cette grande tradition a été méconnue dès le xve siècle, et depuis l'on s'est trop indifféremment servi d'une seule nature de pierre pour tous les usages et dans toutes les conditions, très-souvent même à contre-sens; aujourd'hui encore, sauf exceptionnellement, on n'y attache en général pas assez d'importance. Il y a donc lieu de louer ici cette préoccupation et cette vérification techniques de Félibien à la suite et à côté de ses confrères de l'Académie d'architecture, sur une partie qui est de premier ordre en construction et de laquelle dépendent la solidité et la durée d'un édifice. Félibien et ses contemporains se sont trompés sur le raisonnement et l'explication des causes, mais non pas empiriquement et en fait; c'était beaucoup de leur temps, et dans les constructions gigantesquement hâtées de Versailles, on n'en a pas assez tenu compte.

VIEUX CLOCHER DE CHARTRES. — Il serait ici hors de propos de parler, même au point de vue bibliographique, de Notre-Dame de Chartres. Le chapitre de Félibien s'ajoutera utilement à ce qui en a été écrit, mais il faut y relever (p. 86) un tout petit détail bien curieux. Pendant l'expédition de Crimée, on remarqua que les balles de plomb de cartouches prises dans les arsenaux, où elles se trouvaient depuis trop longtemps, avaient perdu de leur poids normal et par là même ne pouvaient plus porter comme elles auraient dû faire. Cela était dû à ce qu'elles se trouvaient sillonnées de passages de vers qui les avaient rongées et en avaient diminué le poids. Le Maréchal Vaillant saisit du fait l'Académie des Sciences dans sa séance du 7 septembre 1857, en lui soumettant des spécimens (Comptes-rendus de l'Académie des Sciences, XLV, 2ᵉ semestre de 1857, p. 318 et 36o). Dans le compte-rendu de la séance suivante du 14 septembre (p. 361-7) se trouvent des Recherches historiques de M. Duméril sur les espèces d'insectes qui rongent et perforent le plomb, auxquelles nous renvoyons le lecteur. Il n'a pas fait intervenir, et cela était tout simple puisque le texte de Félibien était encore inédit, l'observation, antérieure de près de deux siècles, du vieux Chanoine de Chartres. Sans l'étude critique, qui a suivi l'observation faite à Sébastopol, son appréciation aurait été certainement taxée d'erreur grossière, devant cette surprise de voir des animaux, même d'un ordre inférieur, pouvant attaquer sérieusement un métal.

— Enfin, pour terminer ces notes rapides, je transcrirai un bien curieux passage de la Relation de l'ambassadeur Vénitien Marino Giustiniano en 1535, qui se trouve page 100 du tome I des Relations publiées dans les Documents inédits relatifs à l'Histoire de France. On sait que pas un grand bâtiment royal, ni Fontainebleau, ni Amboise, ni le Louvre, ni les Tuileries, ni tant d'autres, n'ont été complets mais sont toujours restés inachevés. La sagacité Vénitienne en a vu, en dehors des dépenses qu'on ne veut plus faire et du changement des fantaisies individuelles, une autre cause, tout-à-fait inaperçue et non la moindre, dont on a la preuve par les comptes et qu'il est intéressant d'isoler et de recueillir :

« Si mette in fabbriche private scudi vinticinque mila a l'anno,
» ed altrettanto in publiche, ed è ragionevole. Per che, quando
» il Re fa una fabbrica, o publica o privata, si mettono sopras-
» tanti uffiziali provisionati de' Signori che governano, li quali
» piu non si cassano, e quinci avviene che niuna incominciata
» non si finisce. »

A. DE M.

Nogent–le–Rotrou, imprimerie de A. GOUVERNEUR.

www.ingramcontent.com/pod-product-compliance
Ingram Content Group UK Ltd.
Pitfield, Milton Keynes, MK11 3LW, UK
UKHW031845170726
13836UKWH00004B/1904